**Höflichkeit ist eine Zier, weiter kommt man ohne ihr.**

*Über die Autorin:*
Nina Puri wurde 1965 in Sheffield, Grafschaft Yorkshire, als passionierte Verhaltensforscherin geboren. Nach ausgedehnten Studien in England, Amerika und Deutschland landete sie in Hamburg, wo sie seither mit nach unten geklappter Kinnlade Gespräche an Nachbartischen belauscht und klammheimlich zarte Fauxpas sowie dicke Klöpse ihrer Mitmenschen notiert. Nebenher ist sie Kreativdirektorin und Mitglied im Art Directors Club Deutschland. Ihre im Knaur Taschenbuch Verlag erschienenen Bücher *Elternkrankheiten* und *Ü-30-Krankheiten* haben sich über 100 000-mal verkauft.

# Nina Puri

# TISCHLEIN LECK MICH

Wie man sich anständig danebenbenimmt

**Droemer**

**Besuchen Sie uns im Internet:**
www.droemer.de

Die Folie des Schutzumschlags sowie die Einschweißfolie
sind PE-Folien und biologisch abbaubar.
Dieses Buch wurde auf chlor- und säurefreiem Papier gedruckt.

Copyright © 2011 by Droemer Verlag
Ein Unternehmen der Droemerschen Verlagsanstalt
Th. Knaur Nachf. GmbH & Co. KG, München.
Alle Rechte vorbehalten. Das Werk darf – auch teilweise –
nur mit Genehmigung des Verlags wiedergegeben werden.
Umschlaggestaltung: ZERO Werbeagentur, München
Umschlagabbildung: Dominik Monheim, Hamburg
Layout: Dominik Monheim, Hamburg
Satz: Daniela Schulz, Stockdorf
Druck und Bindung: CPI – Ebner & Spiegel, Ulm
Printed in Germany
ISBN 978-3-426-27557-3

5  4  3  2  1

*In tiefer Dankbarkeit
all den Menschen gewidmet,
die dieses Buch möglich gemacht haben,
indem sie mich nach Leibeskräften
zugeparkt, angehustet,
weggedrängelt, vollgespammt,
abgezockt, zugequalmt,
weggemobbt, vollgedudelt,
zugetextet, gedisst
oder sonst wie inspiriert haben.*

# Inhalt →

| | |
|---|---:|
| Vorwort | 8 |
| 01 Die Begrüßung | 10 |
| 02 Das Miteinander | 18 |
| 03 Die Kleidung | 32 |
| 04 In der Familie | 44 |
| 05 Im Freundeskreis | 56 |
| 06 In der Liebe | 66 |
| 07 In der Firma | 88 |
| 08 Im Restaurant | 104 |
| 09 Beim Ausgehen | 118 |
| 10 Im Supermarkt | 138 |
| 11 Moderne Kommunikation | 148 |
| 12 Im Straßenverkehr | 180 |
| 13 Zu Gast | 194 |
| 14 Bei Sport und Spiel | 204 |
| 15 Im Ausland | 210 |
| 16 Bei Krankheit und Tod | 226 |

# → Vorwort

Liebe Leserin, lieber Leser,

Bleda, der Hunne, verkündete im Jahre 444: »Höflichkeit und Rücksicht öffnen Thür und Thor zur Herrlichkeit.« Leider wurde diese Perle der Weisheit niemals überliefert, da Bleda wenig später von seinem Bruder Attila, dem Hunnen, um die Ecke gebracht wurde. Dessen Angriffsschrei »Urräääh!!!« machte ihn zum alleinigen Herrscher Europas und eines beeindruckenden Harems.

Was lernen wir daraus? Wer sich danebenbenimmt, hat mehr Erfolg im Leben. Heutzutage erst recht.

In einer Zeit, in der hemmungslos geduzt, gedrängelt und rumgeblafft wird, brauchen Sie keinen Benimmratgeber, der Ihnen vorschreibt, aus welcher Richtung man Spargel reicht und wie man Bischöfe zeitgemäß anspricht, sondern jemanden, der Ihnen sagt, wie Sie im Manierendschungel einigermaßen cool über die Runden kommen.

Natürlich wollen Sie niemanden mit »Urräääh!«-Geheul abmeucheln, nur weil er vor Ihnen in der Biosupermarktschlange steht. Oder die Hilfskraft aus dem Alternativ-Tours-Büro mit Säbelgerassel auf Trab bringen. Oder den Yoga-Raum niederbrennen, weil alle Turnmatten belegt sind.

Wozu auch? Mit einem auf höchste Lautstärke gestellten Crazy-Frog-Klingelton, einem »Bin gleich wieder da!«-Schild hinter dem Scheibenwischer oder ausgezogenen Turnschuhen verschaffen Sie sich viel effektiver Aufmerksamkeit und Respekt.

Wie und in welcher Situation, verrät Ihnen dieses Buch.

# 01 Die Begrüßung

Das traditionelle Begrüßungszeremoniell der neuseeländischen Maori, »Powhiri« genannt, umfasst einen mehrstündigen Festakt, der mit einem kunstvollen Kriegstanz beginnt und nach einer gewissen Zeit in innige Stirn- und Nasen-Liebkosungen übergeht, um schließlich in der gemeinsamen Einnahme eines im Erdofen zubereiteten Kartoffelgerichts zu münden. Hierzulande, wo ein derart verschwenderischer Umgang mit Arbeitszeit undenkbar wäre, lassen sich Kriegstanz, Liebkosungen und Kartoffelgericht glücklicherweise in einem dahingeworfenen »Hi«, »Hey«, »Ey« oder »Tach« bündeln.

Es wird niemand von Ihnen erwarten, dass Sie Hände schütteln, sich verbeugen oder Ihre Baseballkappe abnehmen. Erstens weiß man nie, wo die anderen ihre Finger so hatten – und zweitens sind Sie ja nicht auf Papstaudienz. (Wenn überhaupt, sind Sie derjenige, der hier Audienz gibt!) Es ist absolut ausreichend, stattdessen lässig einen Finger zum Gruß zu heben und die andere Hand an Handy oder Zigarette zu behalten. Eine Begrüßung ist schließlich kein Grund, ein wichtiges Telefonat oder eine wohlverdiente Raucherpause abzuwürgen.

Ganz besonderen Anlässen, zum Beispiel besagter Papstaudienz – oder aber wenn die neue Praktikantin in den Fahrstuhl einsteigt –, ist das achtungsvolle »Hallooo!« vorbehalten. Hierbei dürfen Sie auch nach Belieben mit den Augen rollen, mit der Zunge schnalzen und rhythmische Hüftbewegungen machen (Praktikantin) oder anerkennend durch die Zähne pfeifen und anfügen: »Geile Hütte! Bestimmt teuer!« (Papst).

Unter Männern, die eine besonders herzliche Beziehung verbindet, ist es üblich, sich mit »Na, du Arsch?« zu begrüßen, bevor man schweigend Fußball guckt. Unter befreundeten Frauen fällt man sich in der Regel kreischend um den Hals, mustert sich dann rasch und jauchzt: »Süßes Kleid! Woher?«, bevor man bei einem Caffè Latte über alle Lebensformen herzieht, die gerade nicht anwesend sind.

 **Tipp:** Der beste Ort für ein ganz großes Hallo ist die öffentliche Toilette. Hier können Sie je nach Räumlichkeiten über die Köpfe der Wartenden, von Urinal zu Urinal oder unter die Kabinentüren hinweg rufen, Hände schütteln, sich umarmen und die neuesten Beziehungsinfos, Kollegentratsch oder eine ansteckende Geschlechtskrankheit weitergeben.

Eine recht komplizierte Form der Begrüßung, die früher bei der Aufnahme in einen Ritterorden praktiziert wurde und heute hauptsächlich bei der Aufnahme in einen Bierabend zur Anwendung kommt, ist die Akkolade. Dabei drückt man dem Gegenüber laut schmatzend zwei Küsse auf Wange oder Ohr, fragt dann: »Wie war das noch mal? Zwei- oder dreimal?«, und plaziert schlussendlich den dritten Kuss voll aufs Auge.

Bei sehr seltenen Anlässen (zum Beispiel auf der MTV-Award-Bühne oder zwischen sozialistischen Staatsmännern) ist es üblich, sich mit einem ausgiebigen Zungenkuss zu begrüßen.

**Häufige Begrüßungen:**

| | |
|---|---|
| Hi / Hey / Ey / Tach | Ungezwungene Begrüßung |
| Hallo | Förmliche Begrüßung |
| Na, du Arsch? | Freundschaftliche Begrüßung zwischen Männern |
| Supersüßes Kleid! Woher? | Freundschaftliche Begrüßung zwischen Frauen |
| Du hier? | Begrüßung eines Bekannten, den man länger nicht gesehen hat |
| Nee, ne! | Begrüßung eines Bekannten, den man gerade erst gesehen hat |
| Nächstes Mal geb ich einen aus! | Begrüßung eines Bekannten, in den man nun zum dritten Mal reinläuft |
| Hallöchen, Popöchen! | Begrüßung durch einen Voll-Nerd |
| Ciaaao! | Begrüßung des Kellners, den man mit seinen Sprachkenntnissen beeindrucken möchte |
| Oh, Fuck. | Begrüßung, wenn man unvermittelt in seinen Chef, Ex-Partner oder den Gerichtsvollzieher hineinläuft |

**Seltene Begrüßungen:**

| | |
|---|---|
| Guten Tag! | Begrüßung von Politessen oder Fahrkartenkontrolleuren |

**Sehr seltene Begrüßungen:**

| | |
|---|---|
| Einen wunderschönen guten Tag! | So grüßt nur die türkische Aushilfskraft bei Kamps oder jemand, der euphorisierende Rauschmittel konsumiert hat. |

Grundsätzlich gilt: Bleiben Sie bei der Begrüßung sitzen oder liegen. Die anderen können sich ruhig zu Ihnen herunter- oder herüberbeugen – schließlich wollen Sie weder übereifrig erscheinen noch einen Bandscheibenvorfall riskieren!

## WER GRÜSST WEN?

- … Männer und Frauen: Abhängig vom Aussehen der Frau grüßt der Mann zuerst. Wenn nicht, ruft die Frau ihm nach: »Schon mal das Wort ›Hallo‹ gehört?«
- … Jüngere und Ältere: Es hat sich bewährt, dass der Jüngere dem Älteren ein »Achtung!« zuruft, während er dessen Rollator aus dem Weg schiebt.
- … Vorgesetzte und Untergebene: Der Chef grüßt zuerst. Schon alleine, weil der Untergebene vollends mit dem Versuch, den eben aufgerufenen Porno-Livestream oder die World-of-Warcraft-Startseite wegzuklicken, beschäftigt ist.
- … Einzelne und Gruppen: Die Gruppe grüßt den Einzelnen zuerst – mit einem »Was guckst du?«. Das macht besonders nach Einbruch der Dunkelheit in einer gottverlassenen Industriegegend nachhaltig Eindruck.

# WER STELLT WEN VOR?

Was tun, wenn bei dem Aufeinandertreffen eine größere Gruppe von Menschen involviert ist, innerhalb derer nicht jeder jeden kennt? Murmeln Sie irgendwas, schauen Sie zu Boden und hoffen Sie, dass diese das Vorstellen selbst erledigen! Schließlich kann sich kein Mensch all die Namen seiner Freunde, Bekannten und wildfremden Social-Networking-Kontakte merken – und Sie wollen ja nicht bloß aus Höflichkeit am Ende als Doofi dastehen!

Falls Sie jedoch das einzige Verbindungsglied innerhalb der Gruppe sind und deshalb erwartungsfroh von allen Beteiligten angestarrt werden, hilft alles Wegducken nichts. Stellen Sie die einzelnen Personen in Gottes Namen gegenseitig vor und nuscheln oder husten Sie die Namen so weg, dass sie ein bisschen klingen wie »Holger«, ein bisschen wie »Björn« und sehr stark nach Lungenkatarrh. Hauptsache, Sie halten die Reihenfolge ein: Es hat sich bewährt, dass zuerst derjenige vorgestellt wird, der gerade telefoniert. Dann der, der Kaugummi kaut, und dann der, der sich gerade eine Zigarette anzündet. Ansonsten ist der Name desjenigen, mit dem Sie zuerst Geschlechtsverkehr hatten, vor dem Namen desjenigen zu nennen, mit dem Sie aktuell geschlechtlich verkehren. Das dürfen Sie auch genau so verbalisieren: »Meine Ex!«, »Meine Noch!«. Auf diese Weise kommen Sie übrigens auch um die leidige Namensfrage herum, und die derart Vorgestellten haben gleich ein gemeinsames Thema, an das sie anknüpfen können:

*»Ach, duu bist die mit den nächtlichen Kontrollanrufen?«*

*»Lustig, du bist ja gar nicht sooo dick, wie Holger dich immer beschrieben hat!«*

## BIN ICH DER DIETER? ODER DER DIETER SCHMIDT?

In seinen kürzlich erschienenen Memoiren berichtet Rolling-Stones-Veteran Keith Richards davon, dass er zwei Jahre lang mit einem gewissen Johnny, den er über seinen Sohn kennengelernt habe, zusammen auf der Gitarre improvisiert habe, bevor er ihn gefragt habe, was er eigentlich sonst so mache. »Filme«, habe besagter Johnny schlicht geantwortet. Wiederum eine ganze Weile später sei Richards erst gedämmert, dass es sich bei seinem Musizierpartner um den namhaften Hollywood-Schauspieler Johnny Depp gehandelt habe.

Man ist nun spontan versucht, Mutmaßungen darüber anzustellen, welche erstaunlichen halluzinogen Substanzen es wohl fertigbringen, einen aufgeklärten Menschen der westlichen Hemisphäre so weit vom Ort des aktuellen Geschehens wegzukatapultieren, dass er noch nie zuvor ein Foto eines der berühmtesten Schauspieler der Welt gesehen hat. Doch das ist eine andere Geschichte, die hier nichts zur Sache tut. Fest steht: Auf oberster gesellschaftlicher Ebene sind Nachnamen offenbar von wenig Interesse.

*»Das ist die Angela. Die macht was mit Politik.«*
*»Benedikt hat einen ziemlich wichtigen Job im Vatikan.«*
*»Lustig. Barack kommt auch gerade aus Washington.«*

Also dürfen auch Sie und Ihre Gesprächspartner getrost auf die volle Nennung Ihrer Namen verzichten. Es langt völlig, wenn Sie sich mit erstem Namen vorstellen:

»Das ist die Gisela/das ist der Holger.« Man kann ja nachher googeln oder auf Facebook schauen, woher man die vorgestellte Person zum Teufel noch mal kennt. Es ist außerdem viel spannender, *nach* einem zweistündigen Gespräch, das mit zotigen Anspielungen gespickt ist, zu erfahren, dass es sich bei dem Peter um den Bischof Peter von Regensburg in Zivilkleidung gehandelt hat.

## DUZEN ODER SIEZEN?

Was für eine Frage, du Honk.

# 02 Das Miteinander

Schon Oscar Wilde wusste: »Andere Menschen sind schrecklich. Die einzig mögliche Gesellschaft ist man selber.« Wenig später pflichtete Jean-Paul Sartre ihm bei: »Die Hölle, das sind die anderen.« Heute würde man dazu sagen: »Oh nee, ne? Der schon wieder!« Fest steht: Begegnungen mit anderen sind selten Anlass zu überschäumender Euphorie, und es bedarf ausgefuchster Rüpeleien, um sie einigermaßen unbeschadet zu überstehen.

## DIE ZUFÄLLIGE BEGEGNUNG

Ein rascher Streifzug durch die Geschichte zeigt, dass unangekündigte Zusammentreffen mit anderen schon immer zu den unliebsameren Ereignissen gehörten. Bereits in der Steinzeit verhieß es nichts Gutes, wenn man über einen im Gebüsch lauernden Nachbarn stolperte. Auch wenn römische Legionäre Anno Domini nach dem Würfelabend unerwartet auf christliche Pilger stießen, nahm das selten ein gutes Ende. Vierzehnhundert Jahre später rief der überraschende Besuch spanischer Seefahrer gleichfalls wenig Frohlocken bei den amerikanischen Ureinwohnern hervor. Genauso wenig wie die unverhoffte Bekanntschaft mit Räuberbanden im neunzehnten Jahrhundert zu den Highlights für reisende Kaufleute gehörte. Bis heute wird die unvermittelte Begegnung mit Skepsis betrachtet. Bei einigen primitiven Völkern – zum Beispiel texanischen Großgrundbesitzern – ist es noch immer gang und gäbe, unerwartet den Weg kreuzende Passanten mit einer Winchester 1873 zu begrüßen.

Sie können im Allgemeinen davon ausgehen, dass der Bekannte, der unvermittelt wenige Meter vor Ihnen auftaucht, Sie zwar nicht mit der Keule bearbeiten, enthaupten, kolonialisieren oder ausrauben will. Mit großer Wahrscheinlichkeit ist er jedoch so sterbenslangweilig wie die Fußgängerzone, in der Sie unversehens ineinandergelatscht sind, und wird Ihnen die nächsten Minuten zur Hölle machen. Natürlich möchten Sie ihn deswegen nicht gleich mit Blasröhrchen, Holzspeeren oder Schusswaffen aus dem Weg räumen. Wie rüpeln Sie sich also aus der Nummer raus?

Totstellen ist in der Natur eine erfolgreiche Strategie, um heiklen Begegnungen zu entkommen. Trifft die Ringelnatter auf einen Feind, legt sie sich mit schlaffen Muskeln auf den Rücken und lässt zwecks höherer Dramatik die Zunge heraushängen und Speichel aus dem Mund tropfen. Auch Tarnung ist eine geschickte Methode, um unerwünschten Artgenossen zu entgehen. So behängt sich die kalifornische Schmuckkrabbe mit Tangstücken, Polypen, Schwämmen und Moostierchen, um für ihre Verfolger unsichtbar zu sein.

Falls keine der beiden Taktiken für Sie praktikabel ist, sei ein anderes Beispiel aus der Tierwelt zur Nachahmung empfohlen: Hunde, die sich begegnen, kläffen sich so lange an, bis einer klein beigibt. Probieren Sie diese Rüpelei mal an dem herannahenden Bekannten aus!

*Sie, aus zwanzig Metern Entfernung bellend:* »NAAA?«
*Er, zusammenzuckend:* »Na?«
*Sie, mit gebleckten Zähnen:* »UND?«

*Er, unsicher stehen bleibend:* »Ja ...«
*Sie, kläffend und mit aufrechtem Körper:* »ALLES-KLAR-BEI-DIR?«
*Er, zurückweichend:* »Und selbst ...?«
*Sie, ihn fixierend und aus voller Kehle:* »WAS-MACHT-DIE-KUNST?«
*Er, im Bogen um Sie herum gehend:* »Mussja!«
*Sie, in Wolfsrudel-Lautstärke:* »LASS-MAL-TELEFONIEREN!!!«

Geht alles gut, wird Ihr Bekannter nun demütig nicken und sich dann mit eingekniffenem Schwanz (und geplatztem Trommelfell) trollen.

Eine besonders perfide Methode ist es, Ihr Gegenüber durch unangemessene Nähe zu verscheuchen. Wer sich noch an die gefürchteten Knutschattacken von Großtante Hedwig oder an den Mundgeruch des Nachhilfelehrers erinnert, weiß, was hier gemeint ist. Atmen Sie tief durch und stürzen Sie sich mit ausgebreiteten Armen auf Ihren Bekannten:

*Sie, völlig von den Socken und ihn umarmend:*
»Mööönsch! Wie geil ist das denn?«
*Er, überrumpelt:* »Ach. Is ja witzig.«
*Sie:* »Duuu hiiieer?«
*Er, unsicher zu seiner Haustür schielend:* »Öh, ja.«
*Sie:* »Ich muss soo oft an unser letztes Treffen denken!«
*Er:* »Treffen?«
*Sie, mit Ich-kenn-doch-meine-Pappenheimer-Blick:*

*»Na komm schon!«*
*Er, mit ratternder Festplatte:* »Treffen?«
*Sie, anzüglich mit den Augenbrauen wackelnd:* »Mann, waren wir blau!«
*Er, nervös:* »Äh.«
*Sie, wissend lächelnd:* »Mann, Mann. Ich dachte schon, du weichst mir aus.«
*Er, mit blinkendem P in den Augen – schuldet er Ihnen Geld? Hat er Sie geschwängert? Haben Sie ihn geschwängert? –:* »Wieso?«
*Sie, intensiv in seine Augen starrend:* »Das ist echt 'ne lange Geschichte!«
*Er, mit hörbarem Herzrasen:* »Aha.«
*Sie, seine Hand ergreifend:* »Lass uns doch einfach mal ein paar Stunden über alles quatschen!«

Handelt es sich bei Ihrem Gegenüber um einen Mann, langt die Aussicht auf ein langes, womöglich schwieriges, vielleicht beziehungsbezogenes Gespräch, um ihn zuverlässig in die Flucht zu schlagen. Handelt es sich um eine Frau, haben Sie diese womöglich jetzt erst recht an der Backe. Dann hilft es nur, die Fachgespräch-Technik anzuwenden – also das Thema auf die nächste Regionalliga-Meisterschaft, die Konfigurierung Ihres Firmenwagens oder Ihre Tätigkeit in der Halbleiterindustrie zu lenken, um sie sofort einzuschläfern oder zu vertreiben.

Eine wirkungsvolle Taktik, die beim Fechten angewandt wird, um das Gegenüber aus dem Weg zu räumen, ist die sogenannte Finte – ein Scheinangriff, mit dem man die Aufmerksamkeit des Gegenübers auf einen Nebenkriegsschauplatz lenkt, um dann unbeobachtet sein wahres Ziel zu verfolgen. »Links antäuschen, rechts vorbei« heißt dieselbe Taktik beim Fußball. »Mensch, du siehst aber echt schlecht aus« heißt sie bei einer unerwünschten Begegnung:

*Sie: »Huch, ich hätte dich fast gar nicht erkannt!«*
*Besorgt hinzufügend: »Du bist so dünn geworden!«*
*Er, perplex: »Nicht dass ich wüsste ...«*
*Sie, einfühlsam: »Hast du Stress?«*
*Er, sich von dem Schlag aufrappelnd: »Nö ... also, das heißt: normal ...«*
*Sie, vertraulich: »Ich hab gestern Moni gesehen ...«*
*Innehaltend: »Öh, seid ihr überhaupt noch*
*zusammen?«*
*Er, argwöhnisch: »Ja, klar, wieso?«*
*Sie, betont beschwichtigend: »Neeee, gar nix, nur so. Wir haben auch gar nicht gesprochen, Moni war ja nicht allein ... da wollte man nicht stören ...«*
*(Vielsagend die Augenbrauen heben)*
*Er, wie ein gestrandeter Karpfen: »Pfft.«*
*Sie, mit einem Klaps auf die Schulter: »Na ja, Kopf hoch – wird schon!«*

In diesem Stadium der Unterhaltung können Sie sich unbesorgt aus dem Staub machen. Ihr Gegenüber ist jetzt so mit sich selbst beschäftigt, er wird Ihren Abgang nicht einmal mehr registrieren.

Übrigens: Frauen können Sie mit einem einzigen Blick auf ihren Bauch und der freundlichen Frage »Wann ist es denn so weit?« so schachmatt setzen, dass Sie danach einfach wortlos weiterziehen können.

## DAS ZWIEGESPRÄCH

Die meisten Menschen hören sich am liebsten selbst reden. Das ist nur menschlich. Wer das Wort hat, hat schließlich die Macht. Und wäre Reden nicht toll, würde man ja nicht freiwillig *das Wort ergreifen* oder *das Gespräch an sich ziehen*. Es gibt verschiedene Strategien, um das zu tun.

Als es nur zwei Sender gab (und einen dritten, der Schneegeriesel zeigte), konnte man sehen, wie wortkarge Männer in den Marianengraben hinabtauchten, den Mount Everst bezwangen oder die Kalahari durchquerten. Heute wird auf allen Kanälen ohne Punkt und Komma gequasselt, bis der Arzt kommt (und auch der darf vor und nach dem Eingriff noch mal auf die Talkshow-Couch). Die Gesprächstechnik, mit der man vierundzwanzig Stunden, ohne Luft zu holen, sprechen und Menschen mit bis zu 20 000 Wörtern pro Minute bombardieren kann, heißt Gülcan-Technik. Sind Sie eine Frau, werden Sie diese Rüpeltechnik regelmäßig praktizieren, wenn Sie Ihrem Partner von den Erlebnissen des Tages berichten. Sind Sie ein Mann, werden Sie mit der Ohren-auf-Durchzug-Rüpelei antworten und erst reagieren (müssen), wenn Ihre Partnerin nachhakt: »Na und?«

*Mann, arglos:* »Und was?«
*Frau, sich wie eine liebe Mutter nach vorne beugend und ganz Ohr:* »Wie war dein Tag?«
*Mann, friedlich kauend:* »Na ja.«
*Frau, wie eine nicht mehr ganz so liebe Mutter:* »Was ›na ja‹?«
*Mann:* »Jo.«
*Frau, die Augen fast in die Höhlen zurückrollend:* »Was heißt ›jo‹?«
*Mann, jetzt auf Sendung:* »Jo – normal.«
*Frau:* »Lass dir doch nicht alles aus der Nase ziehen.«
*Mann, ratlos die Achseln zuckend:* »Was soll ich erzählen, war nichts.«
*Frau, spitz:* »Du musst doch irgendwas erlebt haben. Gab's Stress? Irgendwelche Intrigen? Hast du jemand Spannenden getroffen? Ist wer schwanger? Irgend-WAS!!«
*Mann, sich die Mundwinkel im Zeitlupentempo abwischend und mit zerfurchter Stirn in sich gehend:* »Hmm.«
*Frau, mit zusammengepressten Lippen:* »Na?«
*Mann, mit sich erhellender Miene:* »Ach, doch was Witziges: Ich hab für mein iPhone einen neuen Akku gekauft, für 99 Euro, damit hab ich jetzt auch im Zug bis zu sieben Stunden Ladezeit, und das Geile ist: Bei Mediamarkt sollte der 129 Euro kosten.«
*Frau, ungläubig, dann angewidert in sich zusammensackend:* »DAS hast du heute erlebt?«

Ein Restrisiko besteht, dass es nun zum gefürchteten Beziehungsgespräch kommt. Dennoch ist festzuhalten, dass der Mann hier meisterlich die Fachgespräch-Rüpelei angewandt hat, um dem Verhör zu entkommen.

Eine andere Technik, die insbesonders Frauen gerne einsetzen, um ihr plötzlich redseliges Gegenüber zum Schweigen zu bringen, ist übrigens das lautlose Mitsprechen seiner Worte, verbunden mit ermutigendem Kopfnicken. Damit signalisieren Sie: »Ja, ich hab schon verstanden, worauf du hinauswillst, du Schnarchnase, ich bin ja nicht blöd – nun komm endlich zu Potte, damit wir das Elend schnell hinter uns haben!«

Eine Form der Gesprächsrüpelei, die jedoch nicht im deutschen Fernsehen, sondern allenfalls in amerikanischen Sitcoms zu beobachten ist, besteht darin, sich gegenseitig mit Pointen zu beschießen. Das Gespräch ähnelt hierbei einem Pingpong-Spiel. Man darf sich nicht vom spielerischen Klang des Konzepts blenden lassen. Bei jedem Pingpong-Spiel geht es schließlich darum, den Gegner schon beim Aufschlag lahmzulegen, um ihn innerhalb möglichst weniger Ballwechsel mit einem gewieften Eckschuss von der Platte zu fegen.

*Kollege, mit Urlaubsbräune: »Hola, da bin ich wieder.« (Ping)*
*Kollegin: »Ach, du warst weg?« (Pong)*

Das von dem lateinischen *punctum* kommende Wort *Pointe* bedeutet bezeichnenderweise *Spitze* oder *Stich*. Und das entsprechende englische Wort punchline lässt sich wörtlich mit »Hieblinie« übersetzen. Auch die deutsche Sprache spricht von der *Schlagfertigkeit*. Es geht also darum, Ihrem Gegenüber im Dialog einen Stich, einen Hieb oder einen Schlag zu versetzen. Am besten alle drei auf einmal.

## PARTYGEFLÜSTER

Schweigen ist nicht das beste Mittel, um sich in einer geselligen Runde Eindruck zu verschaffen. Es sei denn, man ist Mitglied eines Trappistenordens oder Teilnehmer eines Meditationstage-in-der-Stille-Seminars. Auch in der Natur ist kein Beispiel bekannt, in dem, sagen wir mal, ein Hirsch dadurch zum Tophirsch wurde, dass er auf einer Hirschparty Weinschorle nippend und höflich lächelnd über die Schulter eines anderen Langweiler-Hirschs hinweg zu den anderen schielte. Nun möchten Sie ja nicht gleich Tophirsch werden, sondern einfach nicht blöd mit Ihrem Glas in der Gegend rumstehen, während alle anderen sich vergnügen.

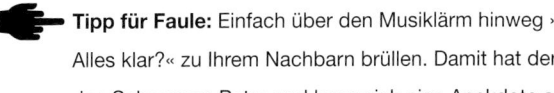 **Tipp für Faule:** Einfach über den Musiklärm hinweg »Na? Alles klar?« zu Ihrem Nachbarn brüllen. Damit hat der nämlich den Schwarzen Peter und kann sich eine Anekdote aus dem Kreuz leiern.

Verkehren Sie in Hollywoodkreisen, fällt der Einstieg ins Gespräch leicht: »Ich habe Ihren letzten Film geliebt!«, »Also, Ihre aktuelle Prêt-à-porter-Kollektion: Chapeau!«. Holpriger wird es innerhalb anderer Branchen. (»Ihre Zahnwurzelbehandlung war für mich das Highlight des Jahres!«, »Ihre letzte Heizungsablesung hat mein ganzes Leben verändert.«) Also müssen Sie sich auf andere Weise ins Gespräch rüpeln. Soziologen meinen, der unverfänglichste Einstieg sei, ein Thema aus dem direkten Umfeld aufzugreifen:

**Mögliche Eisbrecher:**

| | |
|---|---|
| »Vom Nudelsalat kann ich nur abraten!« | zur Gastgeberin |
| »Ihr Kostüm ist ja zum Schreien!« | zum einzigen unverkleideten Gast |
| »Die Bilder sind so lala, aber der Sekt ist gut!« | zum anwesenden Künstler |
| »Scharfe Schnitte dahinten!« | zu deren Mann |

Ein offenes, ehrliches Naturell ist in jeder Runde willkommen. Tragen Sie das Herz auf der Zunge und scheuen Sie sich nicht, auch heikle Themen geradeheraus und mit erfrischender Direktheit anzusprechen: Wer hat bei der letzten Wahl welche Partei gewählt? Für welche sexuelle Vorliebe steht der Ohrring des Mannes zu Ihrer Linken? Hat die Frau zu Ihrer Rechten obenrum was machen lassen? Und was verdient sie als Controllerin eigentlich? So geht guter Smalltalk!

Übrigens ist es manchmal auch eine Frage der Körperhaltung, ob man Ihnen Aufmerksamkeit schenkt. Wenn Sie sich grundsätzlich so hinstellen, dass die anderen beim Gespräch zu Ihnen aufschauen müssen, haben Sie schon halb gewonnen.

 **Achtung:** Je nachdem, welche Höhen Sie dazu erklimmen müssen, sollten Sie auf jeden Fall im Vorfeld sichergehen, dass Sie schwindelfrei sind!

Und denken Sie daran: Ein gutes Gespräch zeichnet sich dadurch aus, dass die Themen alle zwei Minuten gewechselt werden.

**Elegante Themenwechsel:**
*»Apropos Tarantino: Wissen Sie eigentlich, wie Kuh-Bingo funktioniert?«*
*»Wo wir beim Thema ›Kelleranbau‹ sind: Wussten Sie, dass der Papst am liebsten Fanta trinkt?«*

Natürlich gibt es auch Tage der großen Einfallslosigkeit, an denen einem partout keine unterhaltsamen Themen einfallen wollen. Deshalb müssen Sie sich aber gesprächstechnisch noch lange nicht die Wurst vom Teller ziehen lassen. Machen Sie es wie die Politiker: Gehen Sie einfach in Kontra-Stellung. Egal, ob Sie recht haben oder nicht: Das kann so schnell gar keiner nachprüfen.

*»Alfred Hitchcock tot? Entschuldigung, das wüsste ich aber!«*

*»Ha, genau umgekehrt ist es: Bert ist der mit dem RUNDEN Gesicht. Der mit der langen Visage heißt ERNIE. Weiß doch jedes Kind.«*

Noch einfacher ist es, Gesprächspartner auf dem weiten Feld der Grammatik in die Mangel zu nehmen. Wer ist da schon ganz firm? Nicht umsonst halten sich grammatische Besserwisser-Bücher seit Jahren in den Bestsellerlisten. Halten Sie also nicht hinterm Berg, wenn Ihnen sprachliche Ungereimtheiten auffallen.

*»Sie finden, dass die Launch gemütlich eingerichtet ist? Lustig, wo Sie das gerade so sagen: Ganz viele Deutsche sagen »Launch«. Das ist mir schon öfter aufgefallen. Dabei muss es richtig ausgesprochen »Lounge« mit »au« heißen. Das englische Wort »Launch« bedeutet was völlig anderes, nämlich »Start«!«*
*»Entschuldigen Sie, aber Sie meinen bestimmt: »Der Nudelsalat ist anscheinend alle.« Nicht: »Der Nudelsalat ist scheinbar alle.« Oder wollen Sie behaupten: der Nudelsalat täusche bewusst vor, alle zu sein, obwohl er das in Wirklichkeit gar nicht ist? Hahaha. Sehen Sie!«*

Sie werden sehen: Die Herzen werden Ihnen nur so zufliegen.

Wer der Unterhaltung (und sich selbst) mehr Tiefgang verleihen möchte, dem sei die *Rüpelei des apokalyptischen Reiters* ans Herz gelegt. Diese hat sich seit über hundert Jahren bei der Öffentlichkeitsarbeit der Zeugen

Jehovas bezahlt gemacht. Einfach mit der Miene der Düsternis Gespräche über Geldanlagen, Kündigungswellen oder Grippeviren mit bangen Ausrufen (»Oh-oh!«, »Gottogott!«, »Das wird böse enden!«) und frei erfundenen Wissenschaftler-Prognosen kommentieren – schon wird der ganze Raum erstarrt an Ihren Lippen hängen.

Und wie beenden Sie das Gespräch, wenn die Stimmung auf dem Nullpunkt ist? Einfach »Ich hol mir mal eben was zu trinken!« sagen, heiter mit dem Kinn in Richtung Buffet nicken und in der Menge verschwinden. Für immer.

 **Tipp:** Soziologen sprechen beim menschlichen Miteinander von einem Orchester, in dem jeder zum Gesamtgelingen beiträgt. Ein schönes Bild, solange Sie nie vergessen, dass Sie in diesem Orchester die erste Geige spielen. Außerdem spielen Sie noch die zweite Geige, Bratsche, Cello, Kontrabass, Flöte, Oboe, Trompete und die Posaune. Dann kommen die Triangelspieler. Das sind die anderen. Diese Reihenfolge müssen Sie sich so lange einpauken, bis Sie sie im Schlaf aufsagen können.

# 03 Die Kleidung

Als Bergwanderer 1991 die Mumie vom Similaun, besser bekannt als »Ötzi«, fanden, konnten die Historiker anhand seiner Kleidung erkennen, dass er ein ziemlich gut erhaltener, wenngleich leicht müffelnder, 5000 Jahre alter Ziegenhirte war. Das war womöglich nicht der Eindruck, den dieser hatte hinterlassen wollen, als er seinerzeit sein Outfit – Bärenfellmütze, gestreifte Ziegenfelljacke, Steinperlenkette und schicke Wildlederschuhe – zusammenstellte. Fest steht aber: Schon in der Steinzeit machten Kleider Leute.

Heute ist es nur dem geschulten Auge möglich, einen 5000-jährigen Ziegenhirten und einen 68er-Veteranen auseinanderzuhalten. Oder den Marketingleiter aus Bad Kreuznach von einem herumlungernden Ghetto-Kid zu unterscheiden. Oder auszumachen, ob gerade die polnische Putzhilfe oder Amy Winehouse auf dem Weg in die Betty-Ford-Klinik vorbeigehuscht ist. Dennoch können Sie auch heute noch mit Kleidung Ihrer Persönlichkeit Ausdruck verleihen und einen unvergesslichen Eindruck hinterlassen.

## IM ALLTAG

Galt es früher als besonders verwegen, ungeschminkt zum Bäcker zu gehen, ist es heute fast unvorstellbar, zwischen morgendlichem Aufstehen und dem Verlassen des Hauses einen Umweg über Badezimmer oder Ankleideraum zu machen. Wozu auch? Mit dem »Pyjama-Style« sind nicht nur Hollywoodstars, sondern auch Sie zu jedem Anlass passend angezogen – ob beim Gang zur Altglastonne, zur Frühstücksverabredung oder zum Urlaubsflieger: Die Kombination aus ausgebeulter Jogginghose, verwaschenem Kapuzenpulli und alten Turnschuhen passt immer. Männer tragen dazu Bettfrisur und Grungebart, Frauen einen strähnigen Pferdeschwanz oder etwas, das aussieht wie ein explodierter Schnittlauchbund.

**Must-Haves:**
… ausgefranste und pre-torn Baggy Jeans
… ausgeleiertes T-Shirt mit kleinen Löchern oder verfilzter Wollpulli
… abgetretene und lehmverkrustete Converse Chucks
… mit Fingerabdrücken und Getränkeresten befleckte Umhängetasche
… zerknitterter Baumwollschal
… verschnittene Ponyfrisur
… krümeliges Frottee-Haargummi
… halb ausgetrunkener Latte-macchiato-Pappbecher

# BÜROKLEIDUNG

Schaut man sich ein paar der bestverdienenden Frauen der Welt an (Madonna, Gisele Bündchen, die Williams-Schwestern), wird deutlich, dass nicht Kostüm und Seidenstrümpfe zum Erfolg führen, sondern Korsagen, Bikinis und Röcke, die knapp unter den Pobacken enden. Nur folgerichtig also, dass es unter berufstätigen Frauen üblich ist, den beruflichen Werdegang in ärmellosen, transparenten Spaghettiträger-Tops, engen Minikleidern, tiefergelegten Deep-Cut-Jeans und Highheels anzutreten und damit gebührende Anerkennung zu ernten – vom respektvollen »Scharfes Teil, Frau Schmidt!« bis zur offenen Aufforderung zum Geschlechtsverkehr.

Abbildungen der reichsten Männer der Welt (Rupert Murdoch, Donald Trump, Warren Buffett) legen wiederum nahe, dass es bei Männern eine direkte Verbindung zwischen unvorteilhaftem Aussehen und beruflichem Erfolg geben muss. Wer weiß: Vielleicht ist das auch der Grund dafür, dass so viele berufstätige Männer einen Kleidungsstil bevorzugen, der Business Chic mit, sagen wir mal, einer ordentlichen Prise Neandertaler vereint? Mit durchschlagendem Erfolg! Welche Kollegin könnte sich dem Anblick einer üppigen, aus dem offenen Oberhemd wuchernden Brustbehaarung entziehen? Welcher Geschäftspartner wäre nicht gebannt von einem Dreitagebart, der über dem verkrumpelten Krawattenknoten thront wie ein aufgegangenes Mohnbrötchen? Auch ein bleicher, fellbewachsener Männerknöchel unter einer zu kurzen Hugo-Boss-Anzughose kann für spitze Schreie der Ekstase sorgen. In diesem Zusammenhang ist auch die bei vielen Männern beliebte sommerliche Variante zu empfehlen: Mit einer dreiviertellangen Cargohose, unter der zwanzig Zentimeter haariges Männerbein hervorlugen, verbreiten Sie Grillwetter-Laune und signalisieren, dass Sie ein Naturbursche sind, der Wildströme durchwatet, Rhinozerosse ausweidet und mit einem Bleistift ein Lagerfeuer entfachen kann – Rüdiger aus der Buchhaltung eben.

**Höflichkeitsfalle:** Im klassischen Dreiteiler mit Hemd, Manschetten und Krawatte sollten Sie nur dann aufkreuzen, wenn Sie für den Liftboy oder den Diktator eines nahöstlichen Staates gehalten werden möchten.

Am Casual Friday (der sich in manchen Branchen von Montag bis Freitag erstreckt) hat sich in deutschen Büros eine Kombination aus bequemer Strandbekleidung und cooler Hip-Hopper-Kluft (Hey Brother! Who's in da Kaffeeküche?) bewährt, mit der man drohende Mehrarbeit abwehren kann – schließlich sieht jeder, dass man quasi schon im Wochenende ist.

## IM SOMMER RICHTIG ANGEZOGEN

Was aber zieht die Frau beziehungsweise der Mann von Welt an, wenn tropische Hitze in unsere Gefilde dringt? Auf jeden Fall so wenig wie möglich! Bei Temperaturen über 15 Grad Celsius ist jede Form der Entkleidung erlaubt! Schließlich wollen Sie die knappe Schönwetterzeit nutzen, um dem anderen Geschlecht große Regionen Ihres Körpers zu präsentieren. Lassen Sie sich also nicht von vereinzeltem Stirnrunzeln (oder kollektivem fassungslosem Starren) einschüchtern. Als Kompromiss zwischen zugeknöpft und Strafanzeige wegen Erregung öffentlichen Ärgernisses hat es sich bewährt, äußerlich sichtbare Unterwäsche (Frauen: BH-Träger und über dem Hosenbund herauslugenden Stringtanga, Männer: mit Markenemblemen bedrucktes Unterhosen-Bündchen) zu tragen.

**Tipp:** Falls Sie eine Frau sind, sollten Sie gänzlich auf Büstenhalter beziehungsweise Stringtanga verzichten, wenn Sie ein Nipplegate planen oder vorhaben, beim Aussteigen aus einer Limousine fotografiert zu werden.

Es sei der Vollständigkeit halber erwähnt, dass es auch Anlässe gibt, bei denen Sie nicht durch wenig, sondern durch viel Garderobe punkten. Auf der Hochzeit Ihrer Kollegin werden Sie strahlender Mittelpunkt sein, wenn Sie im bodenlangen weißen Seidenkleid aufkreuzen. Am Freikörperkultur-Strand werden Sie »Ahs« und »Ohs« von splitternackten Schönheiten ernten, wenn Sie in voller Wintermontur aufschlagen. (Eine Spiegelsonnenbrille oder ein locker um den Hals gehängtes Fernglas verstärken die Wirkung Ihres Auftritts.) Am Check-in-Schalter des Frankfurter Flughafens werden Sie intensive Blicke ernten, wenn Sie im Tschador aufschlagen. Von Nutzen ist diese Taktik allerdings nur, wenn Ihr angestrebtes Ziel ein langes und inniges Tête-à-Tête mit den Kollegen von der Passkontrolle ist.

## BESONDERE ANLÄSSE

Ein Blick auf die internationale Prominenz zeigt, dass protzige und aufgemotzte Kleidung selbst bei wichtigsten Anlässen passé ist. Wenn der Dalai Lama in schlichten Flipflops von Festgala zu Festgala schlappt, zeigt er damit: »Ich bin nicht anders als der ärmste aller armen Reisbauern.« Wenn die Präsidentengattin der Vereinigten Staaten in baumwollenen Hotpants von der Fliegertreppe steigt, demonstriert sie: »Tief im Innersten bin auch ich nur eine einfache, übergewichtige Hausfrau mit Bauch-Beine-Po-Problemen.« Wenn der russische Ministerpräsident mit nacktem Torso durch die internationale Presse hoppelt, ist man kurz davor, ihn in die Wange zu kneifen und ihm ein Butterbrot zu schmieren. Vladi – du herziger, naturverbundener Kosakenbub!

Was lernen wir daraus? Dress-Down macht einfach irre menschlich und sympathisch. Ob Sie also zum Schwiegerelternbesuch im Bademantel antreten, zur Sonntagsmesse im Beachlook aufschlagen oder der Premiere von *Tristan und Isolde* im gemütlichen Norwegerpulli beiwohnen: Sie können nur gewinnen!

Außerdem, auch das zeigt die Geschichte – denken Sie nur an den in Lendentuch und Sandalen auftretenden Mahatma Ghandi –, flößt nichts mehr Respekt ein als jemand, der mit friedlichen Mitteln rebelliert. Falls Sie also aus irgendwelchen Gründen gezwungen werden, sich in Schale zu werfen, betrachten Sie es ruhig als Ihre ganz persönliche Form des gewaltlosen Widerstands, wenn Sie:

… sich durch lautstarkes Stöhnen und Augenrollen über den spießigen Verkleidungszwang echauffieren.
… stolz zum Besten geben, dass Sie »Habit noir« und »White Tie« erst für die Auflistung des Menüs gehalten hätten.
… sich damit brüsten, dass Sie Wochen gebraucht haben, um den zerknautschten kleinen Krawattenknoten unterm Kinn hinzukriegen.

… trotzig auf ehemalige Turnschuhminister, alternde Schlagersänger, Campingwagenbesitzer und andere unvorteilhaft mit Sakko und Jeans bekleidete 68er verweisen: »Wieso? Geht doch!«

Die Krönung des stumpfen Uniformierungszwangs sind natürlich Motto-Partys. Nehmen Sie nur den brasilianischen Karneval. Wäre der nicht viel individueller, authentischer und lockerer, wenn die Teilnehmer in Sweatshirt, Jeans und Turnschuhen aufschlagen würden? Eben! Ob Sie also zur Schwarz-Weiß-Party, 20er-Jahre-Sause oder zum Mafia-Festino eingeladen sind: Niemand kann Sie zwingen, den Mumpitz mitzumachen. Bleiben Sie ganz unverwechselbar Sie selbst. Das Gesicht – oder vielmehr: das Jeansblau in der anonymen Menge!

Natürlich gibt es auch Situationen, in denen zur Schau getragener Luxus ein Must ist – zum Beispiel, wenn Sie die arrogante Trulla aus der Marketingabteilung wegbügeln wollen. Sind Sie Mode-Laie oder russischer Abstammung, üben Sie diese Taktik einfach mit Taschen, Brillen oder Schuhen aus, die rundherum unübersehbar mit protzigen Gucci- oder D&G-Emblemen gepflastert sind. Sind Sie ein gewiefter Modekenner, tragen Sie ein sündhaft teures Diane-von-Furstenberg-Kleid aus der neuesten Kollektion, das 99 Prozent der Menschen für eine ausrangierte Tischdecke halten werden – für das aber eine Handvoll von Front-Row-Fashionistas ALLES geben würde. Um noch mehr Neid und Missgunst zu schüren, antworten Sie auf die unvermeidliche Frage

»Neu?«: »Nö. Superbillig bei Loehmann's in New York geschossen.« Diese Form der Rüpelei kann allerdings schnell zu tätlichen Übergriffen führen.

## DIE PERSÖNLICHE NOTE

Für großes Hallo sorgte jüngst ein des Mini-Betrugs angeklagter Metzgergeselle, als er zum Gerichtstermin mit einem T-Shirt aufschlug, auf dem zu lesen war: »Ich hasse den Staat«. Vielleicht hätte er die erhoffte Wirkung (das Gericht milde stimmen?) steigern können, hätte er ein wenig an der Wortwahl gefeilt. So wurden ihm jedoch vier Monate auf Bewährung und eine Geldstrafe aufgebrummt. Fest steht: Ein griffiges Motto sagt mehr als tausend Worte. Nicht auszudenken, was Sie mit dieser Art der Kommunikation alleine schon an Zeit sparen!

| T-Shirt sagt: | T-Shirt meint: |
|---|---|
| Swingerclub Oberammergau | Träger ab 22 Uhr im Altersheim abgeben |
| Grevenbroicher Megazicken auf Tour | Angetrunkener Kegelklub in den Wechseljahren |
| Abschleppdienst | Jung, ledig, verzweifelt |
| Als Gott den Mann schuf, übte sie nur | Achtung: Humorfreie Zone! |
| Denken hilft | Ich mach was Kreatives mit Werbung. Du auch? |
| Fuck you Fucking Fuck | Es ist Montagmorgen. |
| Unfucked | Unfucked |

Mit ein wenig Mut lässt sich jedoch einfach alles auf T-Shirts kommunizieren: Kündigen Sie im Vorstandsmeeting fröhlich an: »Titten raus, es ist Sommer.« Machen Sie dem Kassierer im Obst- und Gemüseladen klar: »Ich hab auch Augen, du Arsch.« Lassen Sie die ganze Welt wissen: »Der Weihnachtsmann ist eine Fotze.« Sie werden gleich spüren, wie diese Form der Kommunikation das tägliche Miteinander belebt. Teilen Sie dem Kellner via T-Shirt mit: »Wird's bald?«, kann dieser wortlos und en passant mit einem »Tischlein, leck mich!« antworten. In der Disco können Sie ohne viel Worte klären: »Ficken?« – »Geh kacken!« Ja, selbst Ihrem eigenen Ableben können Sie eine spritzige Note verleihen, wenn auf dem Totenhemd steht: »Geht alles ans Tierheim, ihr Aaasgeier!«

## ACCESSOIRES

Sonnenbrille trägt man heutzutage nicht nur bei gleißendem Sonnenlicht, sondern immer und überall. Wie sonst könnte man auch während eines Aug-in-Aug-Gesprächs ein heimliches Nickerchen machen? Oder ungestörte Personenstudien? Es ist ein Riesenspaß zu beobachten, wie Ihr Gesprächspartner ins Stammeln gerät, während er Ihr Gesicht nach menschlichen Regungen absucht. Jedoch Vorsicht: Vereinzelt kommt es zum *Marktforschungs-Spiegelglasfenster-Effekt.* Wenn nämlich die von Ihnen observierte Person irgendwann vergisst, dass hinter dem dunklen Spiegelglas jemand steht und beginnt, sich zu kämmen, die Augenbrauen zu zupfen oder die Zähne zu reinigen. Und natürlich kann das ständige

Tragen von extradunklen Sonnenbrillen zu bösen Stürzen und Zusammenstößen führen. Mitglieder der Cosa Nostra (524 von ihnen verunglücken jährlich unter ungeklärten Umständen!) können ein Lied davon singen.

 **Tipp:** Noch mehr Privatsphäre sichern Sie sich durch das Aufsetzen eines MP3-Kopfhörers. Auf volle Lautstärke stellen, und schon dringen nicht mal mehr Fahrkartenkontrolleure, Politessen und der Mann von der GEZ zu Ihnen vor. Es kann allerdings passieren, dass Ihr kräftiger Sitznachbar in der U-Bahn Eminem in 200 Dezibel nicht schätzt und Ihnen, da er mit Worten nichts ausrichten kann, mit einem gezielten Kinnhaken Kopfhörer und alle Knochen bricht.

Zu einem perfekten Outfit gehört jedoch nicht nur Kleidung. Führende Zoologen der Universitäten Harvard und Cambridge fanden jüngst heraus, dass nicht nur die Optik, sondern auch der Geruch ein bestimmender Erfolgsfaktor ist. Anders gesagt: Das beste Aussehen nützt nichts, wenn man Sie nicht riechen kann. Tragen Sie Ihr Duftwässerchen also nicht tröpfchenweise hinterm Ohr oder am Handgelenk auf, sondern baden Sie darin, bis Sie duften wie eine ganze Douglas-Filiale. Mit Düften wie »Magic Man«, »MataHari« oder »Hypnôse« kündigen Sie Ihr Eintreffen schon zehn Straßenzüge im Voraus an – und versetzen damit Frauen, Männer und Moskitoschwärme in Ekstase. Und vielleicht sogar Historiker in 5000 Jahren? Jahaaa: So riechen Gewinner!

**Tipp:** Einen noch atemberaubenderen Eindruck hinterlassen Sie allenfalls mit dem Ausziehen Ihrer Schuhe. Mit dem Geruch Ihrer ungewaschenen Socken können Sie einen Fahrstuhl, einen Schlafwagen, ja sogar einen ganzen Theatersaal lahmlegen. Und – solange die Vollnarkotisierung anhält – auch gleich ausrauben.

# 04 In der Familie

## DIE GEBURT

Die Geburt eines Kindes ist immer ein unvergleichlich freudiges Ereignis. Vor allem für die Telekom. Unter frischgebackenen Eltern ist es nämlich Sitte, direkt nach dem Nabeldurchschnitt die gesamte Telefonliste über das neue Familienmitglied zu informieren. Halten Sie Ihr Umfeld auch in den kommenden Monaten stets auf dem neuesten Stand. Jetzt ist der Zeitpunkt,

- … allen Freunden, Bekannten, entfernten Bekannten und Wildfremden eine aufwendig gestaltete Geburtsanzeige zu schicken und Bilder aus dem Kreißsaal auf Ihrem Facebook-Profil zu posten. Falls Sie mehr als zwanzig Leute kennen, rufen Sie die *Bunte* und die *Gala* an und bieten Sie eine Fotostrecke an.
- … im Büro die ungeschnittenen Echtzeit-Aufnahmen des schlafenden, schreienden, schnullernden oder einfach nur doof rumliegenden neuen Säuglings vorzuspielen.
- … dem Steuerberater, der Kassiererin am Supermarkt und dem Mann von der GEZ ausführlich über Dauer der Wehen, Schlafmangel, Milchstau und Inhalt der Babywindel zu berichten.
- … ab sofort jedes Jahr Weihnachtskarten zu versenden, auf denen alle Mitglieder der Familie als Elche, Engel oder Tannenbäume verkleidet sind.

Falls irgendjemand Ihrer Bekannten nicht auf Ihre emsigen PR-Aktionen anspringt, dürfen Sie die nächste Stufe zünden. Laden Sie ihn ins traute Heim ein, wo er das

Wunder des Lebens mit eigenen Augen sehen darf. (Auf Socken, im Flüsterton, ohne Musik – und bitte nicht klingeln!) Und drücken Sie ihm das Baby noch im Türrahmen in den Arm. Mit der beiläufigen Bemerkung »Der Spatz ist bis zur Halskrause zugekackt«. Oder: »Der hat gerade getrunken – könnte sein, dass er dir auf die Schulter spuckt.« Sie sollen mal sehen, wie das Nähe schafft!

 **Tipp:** Ernennen Sie den Freund, der Kinder garantiert am allerwenigsten ausstehen kann, zum Patenonkel. Wer würde da nicht weich?

## DIE ERSTEN WOCHEN ALS FAMILIE

Mit Abebben des Besucherstroms und Einzug des Alltags stellt sich die Frage: Wer übernimmt welche Aufgaben in der Familie?

Als Mutter haben Sie das Kind 40 Wochen im Bauch getragen und unter Schmerzen geboren. Das können Sie gar nicht oft genug betonen! Damit haben Sie sich nämlich für alle Zeiten den Status als Ranghöchste in der Familie erworben und dürfen nach Belieben (umgangssprachlich: *Intuition*) hochkomplexe Schlafens-, Essens-, Bekleidungs- und Spielregeln für den Säugling aufstellen sowie sämtliche Abläufe im Zuhause bestimmen und unerbittlich über deren Einhaltung wachen. Zum Beispiel indem Sie stets mit unerbittlichem Feldwebelblick über die Schulter des Vaters linsen, wann immer er mit seinen zwei linken Händen versucht, das Kind zu wickeln, zu füttern, zu baden oder ins Bett zu bringen.

**Hilfreiche Redewendungen:**
*»Lass mich mal.«*
*»Das muss anders.«*
*»Erst die BLAUE Tube!«*
*»Der ist viel zu aufgeregt zum Schlafen.«*
*»Wenn du den Löffel so hältst, ist es klar, dass er nichts isst.«*
*»Mein Gott, willst du ihn umbringen?«*
*»Riechst du denn nichts?«*

Als Vater haben Sie während des gesamten Gebärvorgangs vermutlich auf einem Hüpfball gesessen und Fencheltee getrunken. Die Frage ist: Wie schaffen Sie es, weiterhin so ungeschoren davonzukommen? Machen Sie mit dem schlafenden Kind ausgedehnte Spaziergänge durch den Stadtpark (und Saturn, Media Markt und Bauhaus). Binnen kurzem stehen Sie in der ganzen Stadt als Superpapa da und dürfen zur Belohnung nachts (wenn das Baby wach ist) weiterschlummern, so dass Sie nach Ihrem vierwöchigen Urlaub (umgangssprachlich: *Elternzeit*) tiefenentspannt an Ihren Arbeitsplatz zurückkehren können.

Und kommen Sie im Folgenden niemals vom Büro nach Hause, bevor das Kind im Bett ist. Sonst sind Sie fällig.

*Mutter, vorwurfsvoll schnaufend: »Mein Gott, da bist du ja!«*
*Vater, im Türrahmen erstarrend: »Abend, meine Süßen.«*

*Mutter, ihm das Baby in den Arm drückend: »Da. Jetzt kannst DU ihn mal nehmen!«*
*Vater, gurrend: »Na, Mäuschen? Habt ihr's euch schön gemacht?«*
*Baby, lieb: »Gi-Gi.«*
*Mutter, demonstrativ etwas vom Boden wischend: »Keine einzige Sekunde hat er geschlafen.«*
*Baby, freundlich: »Ga-ga!«*
*Mutter: »Und NUR gebrüllt!«*
*Baby, strahlend: »Bnmfff!«*
*Vater: »Pa-Pa. Pa-Pa. Jetzt ist der Pa-Pa da!«*
*Mutter, trotzig: »Weißt du eigentlich, was ich heute alles gemacht habe?«*
*Vater, beim besten Willen nichts erkennend, aber beflissen lächelnd: »Toll!«*

Als Mutter steht Ihnen nun alles Recht der Welt zu, öffentlich über den nichtsnutzigen Vater und die Zumutungen des Mutterdaseins zu lamentieren. Schließlich sind Sie es und nicht er, die jetzt ganz massiv unter der Doppelbelastung Kind – Duschen leidet!

*»Ich bin schon froh, wenn ich es schaffe, nachmittags den Bademantel auszuziehen!«*

Als Freundin, Bekannte oder wildfremde Frau am Spielplatzrand müssen Sie mit tröstlichen und hilfreichen Ratschlägen nicht hinterm Berg halten:

| Laut zur Mutter: | Leise in den eigenen Bart: |
|---|---|
| Also, Shanti ist nachts ein Traum. | Kein Wunder, ich bin halt konsequenter als du. |
| Ich habe Ben fünfzehn Monate gestillt. | Ich bin eben bereit, Opfer zu bringen. |
| Na? Ganz schön frisch heute! | Kein Mützchen? Der holt sich ja den Tod! |
| Leika, willst du noch einen Dinkelkeks? | Oder die Penny-Salzstangen deiner Mama? |
| Vitus brauchte noch nie einen Schnuller! | Er hat genug Urvertrauen. |
| Ach, ihr impft? | Kommt ihr aus der Vergangenheit? |
| Grenzen finde ich für Kinder ganz wichtig. | Pfeifst du dein halsloses Monster zurück? |
| Du hast keine Globuli dabei? | Bildungsferne Unterschichtenmutter. |
| Wieder arbeiten gehen? Finde ich voll okay! | Alter Falter, was für eine Rabenmutter! |

# DIE JAHRE MIT KLEINKIND

Wenn das Kind heranwächst, wird alles einfacher. Das Kind kann jetzt selbst auf die Straße laufen, Gegenstände in der Toilette versenken, Ferngespräche nach Tokio machen, sich mitteilen (Neiiiin! Nicht Stiefel an!) und das gesprochene Wort verstehen. (Ja! Lisa will Eeee Iiii Esss!) Als Eltern dürfen Sie sich jetzt gelegentlich entspannt zurücklehnen. Zum Beispiel, wenn das Kind bei anderen Leuten mit lehmigen Gummistiefeln über das helle Sofa robbt, Fingerfarben in die Ausgangsbuchse vom Fernseher des Nachbarn spachtelt oder ein kleineres Kind von der Schaukel schubst.

**Übliche Redewendungen:**
*»Der Fabi hat eben Temperament!«*
*»Lisa wird mal ein richtiger Picasso!«*
*»Ben kann sich später wenigstens durchsetzen!«*

Versuchen Sie, ehemalige soziale Kontake wiederzubeleben, indem Sie sich im Indoor-Spielplatz verabreden, wo der Geräuschpegel in etwa dem der startenden Apollo 17 entspricht, oder das Kind zum Kaffeetrinken mitbringen, in dessen Verlauf Sie drei Sätze mit Ihrer Verabredung wechseln:

*»Moment mal!«*
*»Ganz kurz nur ...«*
*»Wo waren wir gerade?«*

und den Rest der Zeit damit beschäftigt sind, Löffelchen vom Boden aufzuheben, Pixibücher vorzulesen und Bauklötzchentürme wiederaufzubauen.

# DIE SCHULZEIT

Kommt das Kind nach vielen intensiven Schulcastings, Lehrerscannings, Informationsabenden und Diskussionen mit anderen Schulanfänger-Eltern in die beste Schule im ganzen Bundesland, geht der Kampf erst richtig los. Jetzt müssen Sie dem überbezahlten und unterbeschäftigten

Lehrpersonal schließlich beibiegen, dass es ausschließlich seine Schuld ist, wenn aus Ihrem hochbegabten Spross kein zweiter Mozart, Einstein oder Bill Gates wird.

Rufen Sie Lehrer und Schuldirektor regelmäßig an – auch außerhalb der Sprechzeiten –, um sich zu erkundigen, wie eigentlich das Minus bei der Zwei minus in Deutsch zustande kommt, auf welcher Seite im English Grammar Book die Klasse jetzt genau ist und warum Magda ausgerechnet neben Sören sitzen muss. Und zögern Sie bei unzureichender Klärung Ihrer Fragen nicht, umgehend einen Elternabend einzuberufen.

 **Tipp:** Mächtigen Eindruck hinterlassen Sie, wenn Sie auf dem Elternabend kopfschüttelnd und mit verschränkten Armen in der letzten Reihe sitzen und in regelmäßigen Abständen »Das ist doch völliger Blödsinn!« dazwischenrufen.

Natürlich dürfen Sie stattdessen auch gleich per Rundmail (cc an die Schulbehörde) eine außerordentliche Elternversammlung oder einen Volksaufstand organisieren. Wie eindrucksvoll aufgepeitschte und geballte Elternpower den Schulbetrieb lahmlegen kann, hat man ja jüngst bei der gekippten Hamburger Primarschule beobachten dürfen.

**Wichtige Redewendungen:**
*»Mein Kind hat gar nichts gemacht.«*
*»Kein Wunder, dass Greta sich in der zweiten Reihe nicht konzentrieren kann.«*
*»Latein war schon immer Leons Steckenpferd!«*

*» Wir haben uns solche Mühe mit den Hausaufgaben gegeben!«*
*» Das versteht doch kein Mensch, wie Sie das erklären.«*
*» Vier Zeilen Gedicht auswendig lernen? Das ist eine Zumutung!«*
*» Den Ausdruck ›Wichser‹ KENNT Luis nicht mal!«*
*» Wir sehen uns vor Gericht.«*

## DIE PUBERTÄT

Wird aus dem engelsgleichen Kind ein öliger, miesepetrig dreinschauender Halbwüchsiger, der entweder mit Kopfhörern im abgedunkelten Jugendzimmer zwischen Bergen von fallen gelassenen Handtüchern, Unterhosen, Socken, Bonbonpapierchen, CD-Hüllen, Stiftdeckeln, ungelesenen Elternbriefen, Geldmünzen, Joghurtbechern, Chipstüten, Technikgeräten und *Bravo*-Heftchen herumlungert oder wortlos Ihren Kühlschrank leer futtert, müssen Sie sich zur Wehr setzen. Am besten, indem Sie das Programm abziehen, das Sie schon bei Ihren eigenen Eltern angekotzt hat.

**Nützliche Redewendungen:**
*» Wie sieht's hier eigentlich aus?«*
*» Jemand zu Hause?«*
*» Bin ich vielleicht deine Putzfrau?«*
*» Nicht in diesem Ton!«*
*» Du hast hier gar nichts zu wollen.«*
*» Mach mal die Augen zu, dann siehst du, was dir gehört.«*

## DIE KINDER ZIEHEN AUS

Wen wundert's? Aus purer Rache können Sie jetzt allen jüngeren Eltern erzählen, wie locker Sie das Leben mit Kind gemeistert haben, obwohl Sie es damals viel schwerer hatten. Weiß Gott! Nehmen Sie jetzt in Volkshochschul- und Tangokursen Kontakt zu anderen verlassenen Eltern auf.

## DIE FAMILIENGEMEINSCHAFT

Ob mit kleinen oder heranwachsenden Kindern: Ganz wichtig sind gemeinsame Rituale. Zum Beispiel das Abendessen in familiärer Runde. Hier kommt die Familie miteinander ins Gespräch.

| Typische Redewendung: | Bedeutung: |
|---|---|
| »Mhhhmmpf« | »Reichst du mir bitte mal die Marmelade?« |
| »Mhhhmmpf« | »Reichst du mir bitte mal die Butter?« |
| »Mhhhmmpf« | »Reichst du mir bitte mal die Salami?« |
| »Mhhhmmpf« | »Ich habe Kieferstarre und benötige ärztliche Hilfe.« |

Unter Schimpansen ist gegenseitiges »Lausen« ein wichtiges Ritual, um familiäre Bindungen zu stärken. Auch in menschlichen Familien ist es bereichernd, Intimes zu teilen.

... Liebe kennt keine Türen. Nicht erst groß anklopfen, einfach ins Zimmer poltern. Falls man das überraschte Familienmitglied in einer prekären Lage vorfindet, eventuell »Upsa« oder »Was machst du denn da?« sagen.

... Warum in der Abgeschiedenheit des Badezimmers Fußnägel schneiden, wenn man das auch in der Gemeinschaft am Küchentisch tun kann? Zu den Tätigkeiten, die in der Gruppe schöner sind, gehören auch Nasenhaare stutzen, Hornhaut raspeln, Zunge schaben und Bikinizone wachsen.

... Wieso soll die Mutter nicht erfahren, was im zusammengefalteten Liebesbriefchen steht, das im Schulrucksack des Teenagers versteckt ist? Und darf der Vater nicht wissen, auf welchen Internetseiten die Mutter gestern Abend so lange gesurft hat? Und wozu ist der zweite Telefonhörer da, wenn man nicht mithören soll? Ein Zuhause ist doch kein Staatsgeheimnis.

## STREIT

Die Kleinstadt South Pasadena bei Los Angeles verabschiedete unlängst ein Gesetz, demzufolge Fluchen, verbale Ausfälle und unflätige Gesten verboten werden sollen. Würde dieses Gesetz in Deutschland eingeführt, würden Millionen von Familien jeder Grundlage ihrer Kommunikation beraubt. Außer der Kelly Family gibt es wohl keine Familie, aus der man nur Engelsstimmen und Harfenklänge hört. In jeder normalen Familie wird geschimpft und geflucht. Das liegt in der Natur der Sache. Käme man mit Höflichkeiten wie *Bitte* und *Danke* in der Familie weiter, hätte Gott Säuglingen nicht so leistungsstarke Stimmbänder geschenkt. Kinder müssen schreien, um zu überleben. Eltern auch. Wichtig ist nur, dass die Eltern nicht in Anwesenheit der Kinder streiten, sondern die Sache friedlich, erwachsen und mit Verstand regeln.

*»Schatz, Mama und Papa streiten sich nicht, sie unterhalten sich nur – und werfen sich dabei Gegenstände an den Kopf.«*

Senden Sie Ich-Botschaften, die Ihrem Partner ermöglichen, sich mit dem Inhalt des Gesagten auseinanderzusetzen. Damit zeigen Sie auch dem Kind, dass Auseinandersetzung etwas Konstruktives sein kann.

**Falsch:** *»Du bist ja voll bescheuert!«*
**Richtig:** *»Ich finde, du bist ja voll bescheuert!«*

Bei Streitigkeiten unter Geschwistern gilt die Faustregel: Das größere Kind hat immer recht, bis die Eltern nach Hause kommen und es einen Kopf kürzer machen.

> **Tipp:** Falls es in den Wochen um die Weihnachtsfeierlichkeiten zu häuslicher Gewalt kommt, sollten Sie die Sache nicht mit der Geflügelgabel regeln, sondern mit dem Tranchiermesser.

# Im
## 05 Freundeskreis

# FREUNDE FINDEN

»Gleich und gleich gesellt sich gern«, heißt es im Volksmund. Dabei liegt ein wesentliches Erfolgsgeheimnis guter Freundschaft darin, sich ein Gegenüber zu suchen, das ein kleines bisschen dümmer, dicker oder erfolgloser ist als man selbst. Ob Asterix & Obelix, Winnetou & Old Shatterhand, Ernie & Bert, Sherlock Holmes & Dr. Watson oder Paris Hilton & Nicole Richie – die Rechnung geht immer auf. Neben einer Freundin, die doppelt so dicke Oberschenkel hat wie Sie, oder einem Freund, der den Unterhaltungswert von Lauch hat, kommen Sie selbst einfach besser weg. Selbst Freundschaften zwischen Staaten funktionieren nach dem Prinzip des leichten Gefälles. Nehmen Sie nur die gönnerhafte Zärtlichkeit von Deutschland zu, sagen wir mal, Frankreich. Aus dem Gefälle darf natürlich kein Steilhang werden. Deutschland & Griechenland rockt so wenig wie Paris Hilton & Mutter Beimer.

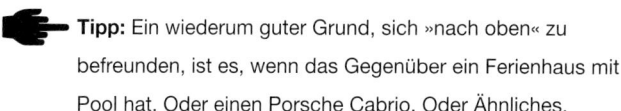 **Tipp:** Ein wiederum guter Grund, sich »nach oben« zu befreunden, ist es, wenn das Gegenüber ein Ferienhaus mit Pool hat. Oder einen Porsche Cabrio. Oder Ähnliches.

# GEMEINSAMKEITEN SCHAFFEN

Auch gemeinsame Hobbys können eine tiefe Verbindung herstellen. Was wäre der DDR *die ewige Freundschaft mit der ruhmreichen Sowjetunion* gewesen ohne die gemeinsame Liebe zu Hartplastikautos und Dauerwellen aus den Achtzigern? Wer weiß, ob Gottschalk und Jauch noch Freunde wären, gäbe es nicht den gemeinsamen Plan, das öffentlich-rechtliche Fernsehen in ein Seniorenheim zu verwandeln? An der tiefen, entzweigegangenen Männerfreundschaft des Ex-Kanzlers Gerhard Schröder mit dem Ex-Parteivorsitzenden Oskar Lafontaine sieht man, wie tragisch es enden kann, wenn das gemeinsame Steckenpferd (Scharping ausradieren und an die Macht kommen) wegfällt.

## FREUNDSCHAFTSPFLEGE

Freundschaft ist der Efeu unter den menschlichen Beziehungen. Hat sie erst mal Wurzeln geschlagen, braucht sie nicht halb so viel Pflege wie das Miteinander unter Partnern, Kollegen oder Nachbarn. Dennoch wird ein guter Freund im Notfall immer für Sie da sein. Zum Beispiel, wenn Sie mal wieder mit roten Augen und dem Mantelkragen voller Rotz aufschlagen, um sich über Ihre schreckliche Beziehung, den unmöglichen Chef, die vermisste Katze oder Ihre verschnittene Frisur auszuheulen.

*Sie, von Schluchzern geschüttelt, um 1.45 Uhr am Telefon: »Buhhhhuuuuuu, es ist die HÖLLE, Line, du ... buhuuuuu ... KANNST es dir nicht vorstellen!!!«*

Hat sich das jeweilige Dilemma verflüchtigt, dürfen auch Sie sich wieder verdünnisieren. Ein richtig guter Freund wird von alleine nachfragen, ob es Ihnen wieder bessergeht, und Aufmunterungsbriefe, Carepakete sowie Literatur zum Thema schicken – wenn Sie schon längst nicht mehr wissen, um was zum Teufel für ein Problem es sich überhaupt gehandelt hat. Als *Helfersyndrom* bezeichnen Psychoanalytiker dieses überaus erfreuliche Phänomen. Das verpflichtet Sie natürlich zu nichts. Nicht umsonst heißen Freunde *Wahlverwandtschaft* – mit Betonung auf *Wahl*. Um die Freundschaft auf kleiner Flamme weiterköcheln zu lassen, genügt es völlig, sich ab und an zum Kaffee oder Bier zu treffen, wenn Sie sowieso den Hund-Entwurmungstermin um die Ecke haben – oder alle zwei Wochen, wenn im Fernsehen gerade nichts läuft, eine atemlose *Zwischen-Tür-und-Angel-SMS* zu schreiben:

»*Liebe Adeline, erzähl ich dir. Bin nur gerade soooo im Stress! Kusskuss.*«
»*Nina! Noch immer alles kacke, hier ist nur gerade Land unter. Ich meld mich bald!!!*«

Noch überzeugender ist diese, wenn sie von Rechtschreibfehlern (= furchtbare Hektik!) durchsiebt ist.

»*fRag ncht nach Sonnendschein!!h Es ist die Höjjlle. Mehr aNdres malll!!!*«

Natürlich wollen Sie Ihrem Freund nicht nur Ihr Leid klagen. Rufen Sie ihn ruhig gelegentlich an, um ihm von den schönen Dingen zu erzählen, die Sie bewegen: von Ihrer Beförderung, Ihrem tollen Urlaub, Ihrem lustigen Abend im Lalü.

*Sie, nach einer Stunde Monolog mit heiserer Stimme:*
*»Und bei dir so?«*
*Freund, freudig: »Das Baby ist da!«*
*Sie, mit von Staubsaugergeräuschen untermalter Stimme: »Ach, wie nett. Und sonst?«*

Sie können nicht immer auf Empfang sein. Ein guter Freund *weiß*, dass Sie in Wirklichkeit an ihn denken. Auch wenn Sie seinen Geburtstag wieder mal vergessen haben. Oder ihn nach dem Wohlbefinden seiner verstorbenen Mutter gefragt haben. Oder die Namen seiner Meerschweinchen mit denen seiner Kinder verwechselt haben. »'tschuldige, ich weiß gar nicht, wo mir gerade der Kopf steht, Christof ... äh ... Christian.« Man kann aus Versehen ja mal einen Moment nicht wissen, was Sache ist. Was zählt, ist der theoretische Wille, für ihn da zu sein. Lassen Sie den einfach ab und zu mal durchschimmern.

*»Schade, einen Tag später, dann hätte ich dir total gern beim Umzug geholfen.«*

Noch besser kommt es, wenn Sie Ihre Hilfe zu einem bestimmten Anlass zusagen. Und dann völlig überraschend am entsprechenden Tag von einer undefinierbaren Krankheit niedergestreckt werden. *Shangwu chouti* heißt diese uralte chinesische Strategie, das Gegenüber erst aufs Dach zu holen und ihm dann die Leiter unter den Füßen wegzuziehen.

**Tipp:** Je nachdem, mit welcher Leidensstimme Sie Ihrem Freund die Absage übermitteln, wird er Sie vielleicht auch noch bemitleiden und Schokolade schicken!

# EHRLICHKEIT ZWISCHEN FREUNDEN

Echte Freunde *spiegeln* sich. Auf Deutsch: Sie sagen sich ganz offen, was sie aneinander gut oder weniger gut finden. Geben Sie Ihrem Freund also jederzeit schonungslos und unverblümt volle Breitseite. Das muss er abkönnen – schließlich wollen Sie nur sein Bestes. Umgekehrt werden auch Sie aufrichtige Kommentare Ihres Freundes dankbar entgegennehmen, selbstkritisch reflektieren, jede Form von Gekränktheit runterschlucken und so lange gären lassen, bis es in Ihnen so richtig brodelt und schäumt. *Maische* nennt man diese Mischung bei der Alkoholherstellung. Wochen später dürfen Sie dann völlig aus dem Blauen und ohne jeden ersichtlichen Anlass explodieren.

*Ihr Freund, arglos: »Schönes Wetter.«*
*Sie, mit überschnappender Stimme: »Weißt du was?*
*Lass dich einfach überfahren.«*

Natürlich werden Sie niemals in Abwesenheit Ihres Freundes schlecht über ihn sprechen. Eine besorgte Konversation ist allerdings erlaubt.

*»Gerade weil ich den Ralf so irre mag, macht es mich richtig traurig zu sehen, was der für einen beschissenen Hosengeschmack hat.«*

Ebenso wenig werden Sie im Beisein Ihres Freundes über seinen Partner lästern. Dafür haben Sie ja Ihre anderen Freundinnen, Kollegen und Nachbarn.

*»Den könntest du mir sooo vor den Bauch binden mit seinen Hamsterbacken. Aber für Birgit ist er anscheinend der Traumprinz.«*

Übrigens ist besagter Partner in sexueller Hinsicht für Sie tabu. Ebenso der Ex-Freund Ihrer besten Freundin. Rein theoretisch jedenfalls. Sie leben ja nicht im Zölibat. Falls Sie also mit ihm in der Kiste landen, werden Sie danach wenigstens so viel Anstand haben, ein detailliertes Geständnis abzulegen.

*»Wir konnten nicht anders. Der Sex war einfach überirdisch. Wir sind übereinander hergefallen wie zwei wilde Tiere.«*

## FREUNDSCHAFT ZWISCHEN FRAUEN UND MÄNNERN

Gibt man »rein platonische Frau-Mann-Beziehungen« bei Google ein, erfährt man: »Es wurden keine mit Ihrer Suchanfrage ›rein platonische Frau-Mann-Beziehungen‹ übereinstimmenden Dokumente gefunden.« Wissenschaftler können das belegen: Plato hin, Plato her, in jeder noch so harmlos scheinenden Frau-Mann-Freundschaft lodert das sexuelle Feuer, vorausgesetzt natürlich, es sprechen keine dramatischen optischen Argumente dagegen. Sage und schreibe drei Viertel aller Männer wünschen sich laut Umfragen Sex mit ihrer besten Freundin – beim übrigen Viertel handelt es sich vermutlich um die Regensburger Domspatzen. Geben Sie sich also keinen Illusionen hin, sondern machen Sie das Beste draus.

**Als bester Freund einer Frau sollten Sie:**
… jede körperliche Nähe, die sich beim Tischtennis- oder Mau-Mau-Spiel ergibt, nutzen, um gezielte Avancen zu machen. Sie wollen ja schließlich nicht enden wie der arme Willi aus »Biene Maja«. Oder?

**Als beste Freundin eines Mannes dürfen Sie:**
… zu jeder Tages- und Nachtzeit anrufen, um sich über Ihre neue Beziehung auszuheulen oder von den sexuellen Qualitäten des Neuen zu schwärmen.
… Ihre Menstruationsbeschwerden in der Ausführlichkeit einer mittleren Doktorarbeit beschreiben.
… ihn als Berater zum Unterwäschekauf oder Bikinikauf mitnehmen, aber ansonsten in seiner Anwesenheit immer nur Jogginghose tragen.
… Sachen sagen wie: »Du bist für mich wie ein Bruder! Sex mit dir ist für mich total unvorstellbar!«
… über alle Frauen in seiner Nähe herziehen, als gäb's kein Morgen. Und hinterherschieben: »Du weißt, ich sag's dir als beste Freundin!«
… in dem Moment, in dem eine potenzielle Liebschaft im Leben Ihres besten Freunds auftaucht, plötzlich so augenfällig um ihn herumscharwenzeln, dass diese niemals glaubt, dass Sie »nur eine rein plato-

nische, vollkommen harmlose gute Freundin« seien. Aber doch, das sind Sie! Nämlich wieder genau ab dem Moment, in dem sie ihn entnervt sitzenlässt.

**Als Freunde eines Mann-Frau-Freundespaares dürfen Sie:**
… immer wieder nachfragen, ob die beiden nicht doch in Wirklichkeit ein Liebespaar sind.
… immer wieder nachfragen, ob einer der beiden oder beide nicht vielleicht homosexuell ist/sind.
… vorhersagen, dass die Beziehung so nie und nimmer auf Dauer klappen wird.

## KONKURRENZ UNTER FREUNDEN

Natürlich werden Sie Ihrem besten Freund nur das Beste wünschen. Oder jedenfalls das Zweitbeste. Na gut: Einen Teufel tun Sie. Schon der US-Schriftsteller Gore Vidal gestand: »Wann immer ein Freund von mir in irgendetwas Erfolg hat, stirbt ein Stückchen in mir.« Falls Sie unter fünf sind, dürfen Sie Ihrem erfolgreichen Freund eins mit dem Plastikschäufelchen überziehen, um Ihrem sengenden Neid Ausdruck zu verleihen. Erwachsenen bleibt nur, den Triumph des Freundes verbal wegzuhauen. Zum Beispiel, indem Sie diesen relativieren.

*Freund, euphorisch den Schlüssel des im Preisausschreiben gewonnenen Porsches schwenkend: »650 PS!«*
*Sie, mit hochgezogenen Augenbrauen: »Toll. Aber hat der auch 'ne Anhängerkupplung?«*

*Freund, triumphierend das Beförderungsschreiben hochhaltend: »3000 mehr im Jahr. Netto.«*
*Sie, mit Bedenkenträgerstimme: »Na, mit Urlaub isses dann ja wohl Essig in den nächsten Jahren.«*

Nur zu! Neid ist die deutsche Form der Anerkennung. Schon Goethe hat Schiller seinerzeit nicht das Schwarze unter den Fingernägeln gegönnt – und umgekehrt.

## FREUNDSCHAFTEN BEENDEN

Die spektakulärste Freundschaftsauflösung legte Judas Ischariot hin, als er seinen Kumpel Jesus von Nazareth im Garten Gethsemane küsste und damit seinen Verfolgern auslieferte. Dicht gefolgt von Dieter Bohlen, der seinen Sangesfreund Thomas Anders in einer sensationellen Schlammschlacht (»Kanalratte!«, »Arme Wurst!«) an die *Bild* auslieferte. Falls Sie nicht als Verräter oder Vollpfosten in die Geschichte eingehen wollen, können Sie das Ende einer Busenfreundschaft auch diskreter einläuten. Als Frau werden Sie einen Konflikt mit Ihrer engsten Freundin ohnehin niemals direkt mit ihr lösen, sondern *über Bande*, indem Sie ihn mit Ihrem Partner und 30 Freundinnen besprechen und sich dann heimlich vom Acker machen. Zerstrittene Männer gehen ein Bier trinken und vergessen darüber völlig, was sie eigentlich besprechen wollten.

> **Tipp:** Wenn Sie möchten, dass die Freundschaft umgehend in eine Erzfeindschaft übergeht, machen Sie zusammen etwas Geschäftliches.

# 06 In der Liebe

## DAS KENNENLERNEN

Die Wahrscheinlichkeit, dass die Liebe fürs Leben einem zufällig über den Weg läuft, ist statistisch gesehen kleiner als die Wahrscheinlichkeit, von einem Meteor getroffen zu werden. Sie dürfen Ihrem Liebesglück also ruhig nachhelfen. Aber wie?

Der Begriff *Balz* ist mit dem Verb *bolzen* verwandt, dessen skandinavische Form *vorwärtsstürmen* bedeutet. Heißt: Bei der Balz ging es schon immer um rasantes Erobern. Die alten Römer lösten die Frauenfrage dadurch, dass sie ins Nachbardorf einfielen und die schönsten Jungfrauen einsackten. Tarzan zog seine Auserwählte mit nur einem Handgriff und einem dahingerotzten »Ich Tarzan, du Jane« aus der Reserve. Und selbst die *Blume des Ausdrucks,* der *Mund der Paläste,* der berühmteste Minnesänger aller Zeiten, Walther von der Vogelweide, sülzte nicht groß unterm Balkon herum, als er Herzdame Mechthild zur Frau nahm.

Auch bei der heutigen Balz ist zackiges Handeln Trumpf. Falls es Ihnen nichts ausmacht, angepriesen zu werden wie schimmliges Brot, lassen Sie sich verkuppeln. Es gibt immer irgendjemanden unter Ihren Freunden, der jemanden kennt, der irgendeinen Quasimodo kennt, der super zu Ihnen passt.

☞ **Tipp für Kuppler:** Bitten Sie Singles, die sich nicht kennen, zum gemeinsamen Ausgehen, und verdrücken Sie sich bei erstbester Gelegenheit grußlos. Im Anschluss haben Sie ein Paar mehr. Oder zwei Freunde weniger.

Ein anderer Liebesbeschleuniger, der bereits seit 1000 vor Christus ein zuverlässiger Begleiter bei vielen Festen und Zeugungen ist, ist Alkohol. Ganze fünfundsiebzig Prozent aller Paare, so fand jüngst eine britische Studie heraus, genehmigen sich auch heutzutage grundsätzlich ein, zwei oder mehr Schlückchen Hochprozentiges, bevor sie Sex haben – und zwar gleichgültig, ob sie miteinander verheiratet sind oder sich gerade eben erst kennengelernt haben. Das Treiben an den Strandpromenaden von Mallorca und Ibiza unterstreicht diese Erkenntnisse der Studie aufs eindrücklichste.

Warum auch nicht? Kleine Mengen an Alkohol enthemmen ja bekanntlich, erhöhen den Blutdruck und machen euphorisch. Hat man sich erst mal ein bisschen Mut angetrunken, kommt einem das Gegenüber nicht nur gleich viel attraktiver, schlauer, witziger, weltgewandter und geheimnisvoller vor, sondern auch die Wer-spricht-wen-an-Frage beantwortet sich wie von selbst. Derjenige, der der deutschen Muttersprache noch halbwegs mächtig ist, fragt ganz einfach:

*»Noch 'n Wodka Lemon?« (Bar)*
*»Noch 'n Schultenbräu?« (Betriebsfeier)*
*»Noch 'n Sex on the Beach?« (Malle)*
*»Noch 'n Mariacron?« (Seniorentreff)*
*»Noch 'n Prospan Forte?« (Krankenhaus)*

und schiebt dem anderen dann die Zunge in den Mund, um nach kurzem Gefummel umgehend mit ihm oder ihr nach Hause zu fahren.

## DAS ERSTE MAL

In der Evolution überlebt der, der sich am erfolgreichsten fortpflanzt. Zeigen Sie gleich beim ersten Geschlechtsverkehr, dass Sie auf sexuellem Gebiet eine Hyäne sind. Reißen Sie Ihrem Gegenüber die Sachen so vom Leib, dass er sie danach direkt in die Altkleidersammlung geben kann, exerzieren Sie das Kamasutra rauf und runter und präsentieren Sie alles, was Sie an Sexspielzeug auftreiben können. Solange Tieren oder Pflanzen kein dauerhafter Schaden zugefügt wird, können Sie nur gewinnen.

## AM MORGEN DANACH

Wenn Sie wenige Stunden später mit dröhnendem Schädel und im falschen Bett aufwachen, werden Sie sich vermutlich fragen, wer das zerknautschte Gesicht auf dem Kopfkissen neben Ihnen ist, warum Sie nichts als honigverklebte Strapse beziehungsweise Boxershorts tragen und wie das alles zum Teufel passieren konnte. Die Frage ist jetzt: Wie kommen Sie aus der Nummer wieder raus? Unter Gottesanbeterinnen ist es Usus, Geschlechtspartner direkt nach der Begattung zu verspeisen. Das ist praktisch und unter ökologischen Gesichtspunkten sogar vorbildlich. Unter Menschen ist eine solch radikale Lösung nicht nötig. Es reicht vollkommen, sich grußlos im Morgengrauen zu verdrücken, wenn Ihr Gegenüber noch im Halbkoma und mit debilem Grinsen vor sich hinsabbert.

**Tipp:** Falls Sie ein Post-it mit Telefonnummer hinterlassen, lassen Sie einfach aus Versehen die 6 aussehen wie eine 0 und die 5 wie eine 3.

Falls Sie das zurückgelassene zerknautschte Gesicht sind, ist jetzt der richtige Zeitpunkt, die *Stalking-Strategie* anzuwenden. Falls Sie eine Frau sind, werden Sie jetzt stündlich diverse SMS und MMS schicken, anrufen und in der letzten Sekunde auflegen, das weltweite Web nach sämtlichen Eintragungen Ihres Bettpartners abgoogeln, seine Adresse ausfindig machen, sämtliche Urlaubsfotos seiner Facebook-Freunde nach ihm abscannen, parfümierte Päckchen abschicken, rein zufällig ab jetzt Ihre Samstagseinkäufe, Arztbesuche, Trimm-dich-Läufe und Kaffeeverabredungen in seine Nachbarschaft verlegen und so lange seufzend um seine Haustür oder unter seinem Balkon herumschleichen, bis entweder Ihre Affäre aufkreuzt oder die Polizei.

Falls Sie ein Mann sind, werden Sie (aber nur falls Ihre Gefühle Sie wirklich übermannen) ein Mixtape zusammenstellen und dann nicht wissen, wo Sie dieses hinschicken sollen.

## FRISCH VERLIEBT

Die wenigen Menschen, die den Einschlag eines Blitzes überlebt haben, berichten von Sinnesverlusten und Persönlichkeitsveränderungen. Wenn bei Ihnen also die Liebe wie ein Blitz einschlägt, sind Sie nicht mehr Herr Ihrer Sinne, sondern quasi unzurechnungsfähig. Teilen Sie das ruhig der ganzen Welt mit, das kann im Zweifel von Vorteil für Sie sein.

Der Bundeswehr wird im Sommer 2001 vollkommen eingeleuchtet haben, warum Verteidigungsminister Scharping keinen Kopf für Mazedonieneinsätze hatte, als sie in der Boulevardpresse sah, wie dieser seine neue Flamme, die elfengleiche Gräfin Pilati, leichthändig durch deren Pool warf. Auch Lilly Kerssenberg hatte sicher vollstes Verständnis für ihre Beziehungspause mit Tennisaltstar Boris Becker, als dieser liebestrunken und vor versammelter Journaille Sandy Meyer-Wölden als zukünftige Ehefrau präsentierte. Die Schlagersängerin Sarah Connor machte 2001 keine halben Sachen und verkaufte gleich die ganze Lovestory »Sarah & Marc in Love« als Reality Show an Pro 7. Seht her, wir sind total Banane, wollen diese Paare alle sagen. Das können Sie auch. Indem Sie:

… auf der Rolltreppe und in öffentlichen Verkehrsmitteln Zungenküsse tauschen und fummeln.
… um zwei Uhr nachts gemeinsam vor der heimischen iPod-Station auf dem Wohnzimmerteppich zu »Walking on Sunshine« tanzen – in einer Lautstärke, die den gesamten Häuserblock beschallt.
… MMS mit Fotos des Angebeteten an alle Freunde schicken: »Das ist er von der Seite! Da isst er gerade Pommes. Das ist sein Po.« Machen Sie außerdem jeden darauf aufmerksam, dass Ihre neue Flamme von der Seite aussehe wie Jake Gyllenhaal/Salma Hayek.

… Ihren Freunden und Bekannten in epischer Breite erzählen, wie es zum ersten Wortwechsel/Kuss/Geschlechtsverkehr kam.

Ach, Sie könnten jetzt überhaupt jede Sekunde am Tag zu zweit verbringen: Tandem fahren, vierhändig Klavier spielen, Paarjoggen, die Arche Noah besteigen, im Duett singen … Tun Sie es ruhig. Und halten Sie sich alle anderen, lästigen Verpflichtungen vom Leib.

*»Du, Sabine, das mit unserer Weltreise … Nils möchte so gerne, dass ich da mit ihm zu seinen Eltern fahre.«*
*»Omas Beerdigung? Zu blöd. Ausgerechnet, wo Nadine und ich unser Einmonatiges feiern!«*
*»Jens, du weißt, ich würde dich sonst jederzeit zur Notfallklinik bringen, aber heute ist unser Ausgehabend!«*

Sie können davon ausgehen, dass jeder Ihren neuen Partner so begehrenswert findet wie Sie und versuchen wird, ihn Ihnen bei der erstbesten Gelegenheit auszuspannen. Stellen Sie also Ihre Besitzverhältnisse klar. Es ist üblich, hierzu die Siamesische-Zwillinge-Taktik anzuwenden. Hierbei ist das Paar an Händen, Armen, Schultern und Hüften zusammengeleimt, kann sich also nur noch im Duo vorwärtsbewegen, Sport machen, an Einladungen teilnehmen und Freunde besuchen.

Hilfreich ist es dabei, potenzielle Rivalen wegzustarren (Männer) oder durch Entzückt-auf-eine-Kleinigkeit-am-Wegrand-Hinweisen (Frauen) den Blickkontakt Ihres Partners mit möglicher Konkurrenz abzuschneiden.

Noch sicherer ist es, wenn Sie Ihren Partner für die Ewigkeit markieren. Nehmen Sie sich ein Beispiel an der Schafzucht oder an den Beckhams. Generell gilt: Ein Partner-Tattoo muss in seiner Größe proportional zur Liebe passen. Ist die Liebe groß, sollte das Tattoo also mindestens den ganzen Oberkörper bedecken und über den Halsausschnitt sowie aus beiden Ärmeln herausragen, damit jederzeit und unter allen Umständen sichtbar ist:

*Klaus loves Gitti*
*Forever Henning*
*Til death us part*

Eine gute Methode, Ihren Partner vom Rest der Welt abzugrenzen, ist die *Mausifizierungs-Strategie,* die darin besteht, ihm einen Kosenamen zu verpassen und diesen öffentlich zu verwenden. Edmund Stoiber heißt bei seiner Gattin *Tätzchen,* Queen Elizabeth wird von ihrem Prinzgemahl *Sausage,* also Würstchen, genannt, und Sky Dumont hört privat auf den Namen *Schnippi*. Sie sehen, Kosenamen sind in allen Gesellschaftsschichten üblich und verraten dem Umfeld etwas über die Eigenarten ihrer Träger.

»*Darf ich dir meinen Mann vorstellen? Stierlein, das ist meine neue Kollegin.*«
»*Schnarchi, erzähl Jens doch noch mal die Geschichte von deiner Autopanne!*«
»*Müffelchen, kannst du Sabine das Kartoffelgratin reichen?*«

Ein weiterer Vorteil der Kosenamen-Methode ist übrigens, dass Sie verbal nichts falsch machen können, wenn Sie irgendwann ein neues Moppelchen haben.

## DER ALLTAG

Nach und nach pendelt sich der Serotoninspiegel im Hirn wieder auf Normalstand ein und reguliert damit auch die Fehleinschätzung des Liebesobjekts. Sie stellen jetzt fest, dass Sie nicht mit Johnny Depp beziehungsweise Scarlett Johansson zusammen sind, sondern mit Max beziehungsweise Martina Mustermann. Hier wäre es fehl am Platz, wenn Sie mit Ihrer Enttäuschung hinterm Berg halten würden. Ihr Feedback ist für den Partner bereichernd:

*»Ohne Doppelkinn sähest du in dem Licht fast aus wie ein Bruder/eine Schwester von Johnny Depp/Scarlett Johansson.«*
*»Hast du diese Frisur eigentlich schon immer gehabt? Benutzt du eigentlich keinen Kamm?«*

Eine aufmerksame Geste ist es, wenn Sie eigenhändig kleinere Korrekturen am Partner vornehmen. Zum Beispiel, indem Sie ihm beim Freibadbesuch eine Pustel auf dem Rücken ausdrücken, beim Dinner mit Daumen und Spucke Speisereste von seiner Kleidung entfernen oder auf dem Galaempfang Wollmäuse von seinem Jackettärmel zupfen.

Noch besser können Sie Ihren Partner umkrempeln,

wenn Sie jetzt zusammenziehen, seine hässlichen Möbel wegwerfen und bei IKEA ein gemeinsames Heim zusammenstellen.

## DIE ROUTINE

Der Begriff *platonische Beziehung*, der auf den griechischen Philosophen Platon zurückgeht, bezeichnet die höchste und vollkommenste Form der Liebe, die rein geistig ist und ohne Begehren und Sex auskommt. Diese Stufe erreichen Paare üblicherweise nach etwa einem Jahr Zusammensein.

Nun sind aus den umherflatternden Schmetterlingen im Bauch gemütlich brummende Motten geworden – und aus gespaltenem Bambus, Regenbogen und Pflug Schlafanzug, Gutenachtkuss und Löffelchen. Ihre Beziehung basiert jetzt auf gegenseitigem Vertrauen, Geborgenheit und dem Kabelfernsehen. Jetzt ist der richtige Zeitpunkt, die unbequemen Stringtangas und die körperbetonte Kleidung in die unterste Schublade Ihres Kleiderschranks zu verbannen und endlich wieder die graue, verbeulte Jogginghose, die Plastic Crocs und die verwaschene und ausgeleierte alte Unterwäsche hervorzukramen.

Glauben Sie aber bloß nicht, jetzt, wo es bei Ihnen alles so schön kuschelig ist, könnten Sie sich in Sicherheit wiegen. Nun geht es darum, die Machtfrage in der Beziehung zu klären.

# DAS BEZIEHUNGSGESPRÄCH

Der Legende nach soll Scheherazade ihren Mann, den König Schahriyar, tausendundeine Nacht mit Geschichten wach gehalten haben. Auch heute ist es durchaus üblich, ausufernde Beziehungsgespräche mitten in der Nacht zu beginnen. Alternativ bietet sich an, den Partner beim Weg zur Arbeit auf ein gravierendes Partnerschaftsproblem anzusprechen. Oder kurz vor dem Anpfiff eines wichtigen Fußballspiels.

*»Du, ich muss mit dir reden.«*

Falls er ausweicht, insistieren Sie ruhig!

*»Nicht der richtige Zeitpunkt? Wann IST denn der richtige Zeitpunkt? Wenn es nach dir geht, nie!«*
*»Ja wenn der Job wichtiger ist als unsere Beziehung – bitte.«*

Damit haben Sie Ihren Partner schon jetzt, vor dem eigentlichen Gespräch, in eine klassische Lose-lose-Situation manövriert. Sind Sie der Mann, müssen Sie jetzt auf der Hut sein. Ein zweites Mal wird Ihre Partnerin das Beziehungsgespräch nicht so überdeutlich ankündigen. Es kann Sie jetzt überall kalt erwischen.

*Frau: »Die Dachrinne leckt.«*
*Mann, in tiefer Trance: »Hmm?«*
*Frau, spitz: »Hörst du mir überhaupt zu?«*
*Mann, allmählich das Bewusstsein wiedererlangend:*

*»Was?«*
*Frau, aufgebracht: »Bin ich eigentlich Luft für dich? Da wollte ich überhaupt mal mit dir drüber sprechen.«*

Womit Männer nicht rechnen, ist, dass Frauen über die Gabe verfügen, Körpersprache zu deuten und zwischen einem diskutierenden Partner und einem stumm über die *Sport Bild* gebeugten Partner unterscheiden zu können. Als Mann können Sie also nur bestehen, wenn Sie aufpassen wie ein Luchs.

*Frau: »Hörst du mir überhaupt zu?«*
*Mann, wie aus der Pistole geschossen: »Dachrinne.«*
*Frau, gebieterisch: »Dachrinne – was?«*
*Mann, selbstsicher: »Die Dachrinne leckt.«*
*Frau, verärgert: »Ha!«*
*Mann, sich noch auf der Siegerseite wähnend: »Was, ha? Hab ich zugehört oder nicht?«*
*Frau, verächtlich schnaubend: »TECHNISCHES Zuhören!!«*
*Mann, leicht aus dem Tritt geraten: »Wieso technisch?«*
*Frau: »Dachrinne, Dachrinne. Was MEINE ich denn wohl damit?«*
*Mann, aus der Bahn geworfen: …?*
*Frau, zum finalen Hieb ausholend: »Wenn ich jemanden brauche, der technisch wiederholt, was ich gesagt habe, hol ich mir 'nen Papagei. Oder 'n Tonbandgerät. Was habe ich wohl ZWISCHEN den Zeilen gesagt?«*
*Mann, in sich zusammensackend: »Keine Ahnung.«*
*Frau, triumphierend: »Siehste.«*

Zeigen Sie sich als Meister der Dialektik (Ich weiß, dass du weißt, dass ich weiß, dass du weißt …)

*Frau: »Hörst du mir überhaupt zu?«*
*Mann, eine Augenbraue hochziehend: »Oha.«*
*Frau, ausgebremst: »Was – oha?«*
*Mann, sich mit gefalteten Armen zurücklehnend:*
*»DIE Nummer!«*
*Frau: »Welche Nummer?«*
*Mann: »Wenn ich jetzt sage, dass du gerade gesagt hast,*
*›Die Dachrinne leckt‹, sagst du, das ist nur technisches*
*Zuhören und das sei nicht, was du ZWISCHEN den*
*Zeilen gesagt hast.«*
*Frau, mit fassungslosem Blick: »Spinnst du? Ich hab*
*nur gesagt, die Dachrinne leckt.«*
*Mann, kleinlaut: »Ach so.«*
*Frau, kopfschüttelnd: »Was du wieder für ein Drama*
*machst.«*

Bei der Kriegsführung mit nuklearen Waffen bezeichnet man einen überraschenden Angriff auf die gegnerischen Startanlagen als Erstschlag.

*Mann, offensiv: »Die Dachrinne leckt.«*
*Frau, ohne aufzuschauen: »Ja und?«*
*Mann, ratlos: »Nix und.«*
*Frau, aufgebracht: »Weißt du eigentlich, seit wie vielen*
*Stunden ich hier sitze und versuche, die Sitzordnung für*
*unsere Dinnerparty auszutüfteln, und dir fällt nichts*
*Hilfreicheres ein als ›Die Dachrinne leckt‹?«*

Ein solcher Angriff ist allerdings nur dann erfolgversprechend, wenn der angegriffene Staat (Frau) über deutlich weniger Waffen als der Angreifer (Mann) verfügt. Das ist selten der Fall. Reparieren Sie in Herrgottsnamen einfach die Dachrinne und halten Sie sich von Beziehungsdiskussionen fern.

 **Tipp:** Falls Sie dennoch in eine Beziehungsdiskussion geraten, schlafen Sie einfach mittendrin ein. Oder sicherer noch: Sterben Sie.

Ein direkter Indikator für Ihren Status in der Beziehung sind die Aufgaben, die Sie im gemeinsamen Zuhause übernehmen. Sind Sie derjenige, der Getränkekästen holt, und den Müll rausträgt, das Auto zur Inspektion bringt, ist Ihr Status niedrig. Sind Sie der, der To-do-Listen schreibt, die Heimeinrichtung bestimmt und entscheidet, ob das Schlafzimmerfenster nachts geöffnet wird, ist Ihr Status hoch.

# KRISE

»Ich hab dir nie einen Rosengarten versprochen« heißt es in dem bekannten Popsong von Lynn Anderson. Und weiter: »Zusammen mit dem Sonnenschein muss manchmal auch ein bisschen Regen sein.« Falls trotz aller Spa-Romantik-Wochenenden und des gemeinsamen Mittwochabend-Jour-fixe bei Ihnen inzwischen die Sintflut eingezogen ist und Sie jetzt nur noch einmal im Schaltjahr gemeinsam ausgehen, sich betrinken und

Sex auf dem Wohnzimmerboden oder dem Küchentisch haben, können Sie immer noch:

… gemeinsam Strom sparen, indem Sie zum Beispiel die Lichter in allen Zimmern ausmachen –
auch in denen, in denen Ihr Partner sich gerade aufhält.
… gemeinsam die Spülmaschine einräumen und sich bei der Glaubensfrage »Vorspülen oder nicht?« komplett in die Haare kriegen.
… gemeinsam Auto fahren, indem einer von Ihnen auf dem Fahrersitz sitzt und der andere abwechselnd stöhnt, den Kopf schüttelt und ins Lenkrad fasst.

Sie sollten jetzt unbedingt alle Freunde und Bekannten auf dem aktuellen Stand Ihrer Beziehungsschwierigkeiten halten und Intimes in der Öffentlichkeit diskutieren. Es ist wichtig, dass jetzt alle darüber informiert sind, dass Ihr Partner:

… nachts schnarcht wie ein Handrasenmäher.
… dieses eklige Geräusch beim Kauen macht.
… ständig wiehert wie ein Pferd.

Und Sie:

Den ganzen Haushalt schmeißen, den Großeinkauf machen, die Steuer erledigen, den Garten in Ordnung halten, jeden Urlaub und jede Festivität organisieren, sich um die Kinder kümmern, den Kontakt zu den Schwiegereltern halten, den Bekanntenkreis pflegen UND täglich mit dem Hund rausgehen. NUR um ein PAAR Sachen zu nennen.

Ein geeigneter Rahmen, um diese Dinge zu erörtern, ist die Abendessenseinladung bei Freunden, Bekannten oder Kollegen. Setzen Sie ruhig auch die Anwesenden als Vermittler ein – bedenken Sie: Für die gleiche Leistung kassieren Paartherapeuten ein Vermögen! Freunde dürfen jetzt Ihre Beziehung nach Herzenslust auseinandernehmen und all das loswerden, was sie bislang nur untereinander auf dem Heimweg von der Essenseinladung analysiert haben – nämlich dass Ihre Partnerschaft von Anfang an zum Scheitern verurteilt war.

*»Na ja, wenn du mich ehrlich fragst, ich hab zu Jens noch nie 'nen richtigen Draht gekriegt.«*
*»Ich wollte ja nichts sagen, weil du so auf Wolke sieben geschwebt bist, aber Ulrike hat echt ein Hinterteil für zwei.«*

Zu Hause können Sie gemeinsam mit Ihrem Partner noch mal das gesammelte Feedback Ihrer Beziehungsanalytiker diskutieren.

 **Tipp:** Gehen Sie nie ohne Versöhnung ins Bett. Bleiben Sie auf und kämpfen Sie!

# UNTREUE

Als großes Vorbild in Sachen Treue wird Menschen gern der Schwan vor Augen gehalten. Hat er einmal seine große Liebe gefunden, bleibt er ihr bis an sein Lebensende treu. So was schafft natürlich kein Mensch. Und wie sich übrigens laut neueren Forschungen herausstellte, auch kein Schwan.

Jüngst kursierte die Nachricht von einem bosnischen Paar, das sich unter Pseudonymen (Süße/Prinz der Wonne) im Internet kennengelernt, gegenseitig das Herz über die jeweils unglückliche Ehe ausgeschüttet und mit Haut und Haar ineinander verliebt hatte, um dann beim ersten Rendezvous feststellen zu müssen, dass es sich beim jeweils anderen um ebenjenen Ehepartner handelte, mit dem man seit Jahren unglücklich verheiratet war. Im Anschluss reichten die beiden die Scheidung ein – nachdem sie sich gegenseitig der Untreue bezichtigt hatten.

Blöd gelaufen! Aber rein statistisch gesehen gar nicht mal unwahrscheinlich, denn so etwas passiert. Jede vierte Frau gibt zu, einmal fremdgegangen zu sein. Desselben jeder zweite Mann. Da Frauen in Sexsachen zu Untertreibungen und Männer zu Übertreibungen neigen, kann man davon ausgehen, dass weibliche und männliche Untreue sich die Waage halten.

 **Tipp:** Nehmen Sie Ihre Scheidungsanwälte am besten gleich mit in die Flitterwochen.

Nun ist es nach einer gewissen Zeit des Liebesglücks ja nicht mehr so, dass Sie den Zausel, der allabendlich neben Ihnen auf dem Sofa sitzt, für den begehrenswertesten Partner des Universums halten. Dennoch wäre es jetzt ungemütlich, vom Sofa aufstehen, sich aufbrezeln und Ersatz suchen zu müssen, käme er oder sie abhanden.

Es ist daher angemessen, in regelmäßigen Abständen zu checken, ob Ihr Partner Sie betrügt:

… Passen Sie den Moment ab, in dem er unter der Dusche/im Tiefschlaf/auf der Intensivstation ist, und durchsuchen Sie sein Handy auf verdächtige Kurzmitteilungen oder Telefonnummern.
… Scannen Sie die Kontaktliste seines Facebook-/Stayfriends-/Xing-Kontos nach halbwegs attraktiven Personen ab und sprechen Sie ihn beiläufig darauf an: Lustig, woher kennst du eigentlich diese Valerie?
… Durchwühlen Sie seine Jackentaschen, Schreibtischschubladen, Pappkisten mit Erinnerungen und den Hausmüll auf verräterische Indizien.
… Folgen Sie Ihrem Partner unauffällig auf dem Weg zur Arbeit, zum Sport oder zur Mülltonne und notieren Sie die exakten Uhrzeiten.

Entweder werden Sie von Ihrem Partner alsbald in einigermaßen entwürdigender Haltung (im Bambusbusch vor der Fitnessoase kauernd, bis zur Hüfte vornüber im Müllcontainer versenkt, regendurchtränkt unter dem

Balkon eines Kollegen) vorgefunden, oder aber Sie finden heraus, dass Sie tatsächlich betrogen wurden. In dem Fall ist es üblich, sich zu einem klärenden Gespräch unter Erwachsenen zusammenzusetzen, um in der Folge Mobiliar zu zertrümmern, Kleidung, Telefone und Lieblingsplatten aus dem Fenster zu werfen und von Handfeuerwaffen Gebrauch zu machen. In einigen Ländern sind auch Auspeitschen oder Steinigung akzeptierte Maßnahmen.

 **Tipp:** Falls Sie angeben, unter Sexsucht zu leiden, und ein Geständnis in der Presse ablegen, wird man Ihnen in der Regel schlagartig verzeihen.

## DAS AUS

Eine Liebesbeziehung zu beenden ist nie einfach. Das schwierigste Problem ist oft: Wohin mit der Leiche? Gottlob gibt es nicht nur die eine Möglichkeit, seinen Partner loszuwerden. »*There must be fifty ways to leave your lover*«, sang schon Paul Simon. Aber welcher ist der richtige Weg für Sie? Das hängt natürlich einerseits davon ab, ob Sie sechzig Jahre mit Ihrem Partner zusammen waren oder nur ein einziges Mal auf einer Motorhaube im Hinterhof von PENNY kopuliert haben. Und natürlich davon, ob Ihr Partner ein wunderbarer Mensch ist, mit dem Sie bis an Ihr Lebensende zusammen wären, wenn nur Ihre Anschauungen sich nicht so auseinanderentwickelt hätten? (99 Prozent aller Trennungsgründe in der *Gala*) Oder Sie es einfach satt haben, tagaus, tagein neben dem Vollpfosten auf dem Sofa zu sitzen und endlich wieder schmutzigen Sex mit betrunkenen Zufallsbekanntschaften haben wollen. (99 Prozent aller normalen Trennungsgründe)

## WIE SAG ICH ES MEINEM PARTNER?

Falls es Ihnen schwerfällt, heikle Themen anzusprechen, ist es das Beste, auf eine Gelegenheit zu warten, bei der das Thema von alleine auf den Tisch kommt. Auf der Hochzeit eines befreundeten Paares zum Beispiel: Die Hochzeitsrede ist der ideale Anstoß, gleich mal darüber zu debattieren, wie es eigentlich um Ihre Beziehung so steht. Oder am Valentinstag, wo das Thema Partnerschaft Sie praktisch von jedem Kartenständer anlacht. Viel Zeit und Ruhe, das Liebesaus zu verarbeiten, hat Ihr Partner auch, wenn Sie ihn im gemeinsamen Urlaub auf einer einsamen Insel darüber aufklären, dass »das mit uns irgendwie nicht mehr so funktioniert«.

Falls Sie es mit Reden gar nicht so haben, ist die kürzeste und allgemein übliche Variante eine prägnante Kurzmitteilung.

**Gebräuchliche Abschiedsformulierung:**

| | |
|---|---|
| Tja. Das war's dann wohl. | Abschied nach dem ersten Blind Date, Sekunde 1 |
| Ich glaub, ich brauch mal 'ne Auszeit. | Abschied nach dem ersten Entkleiden |
| Vielleicht brauchen wir beide eine Auszeit. | Abschied nach dem ersten Geschlechtsverkehr |
| Hast du meine Socken gesehen? | Abschied nach einem überstürzten Aufbruch |
| hstu mnie sksg hhen?.?? | Abschied nach einem sehr überstürzten Aufbruch |
| Tschüss, öh, Sabine. | Abschied von der Partybekanntschaft namens Birgit |
| Ja dann. | Formelles Lebwohl nach längerer Beziehung |

**Ungebräuchliche Abschiedsformulierung:**

| | |
|---|---|
| Danke für alles. Ich werde dich nie vergessen. | Abschied, nachdem man alle Konten des anderen geplündert hat und mit dessen Wertsachen auf und davon ist, um sich ein schönes Leben in Uruguay zu machen |

Von Bedeutung ist nicht nur der Inhalt, sondern auch der Ton, in dem die traurige Botschaft überbracht wird. In diesem Zusammenhang dürfte es tröstlich sein, dass die meisten Menschen aufmunternde Mobiltelefon-Signaltöne wie *Alte Hupe*, *Bumblebee* und *Crazy Frog* eingestellt haben, die selbst dem dramatischsten Beziehungsaus eine heitere Note verleihen.

Falls Ihr Partner schwer von Kapee ist, dürfen Sie auch ruhig Taten sprechen lassen. Er wird blitzschnell im Bild sein, wenn er Sie getaggt auf einem Facebook-Foto entdeckt – engumschlungen mit einer komplett fremden Person.

 **Tipp:** Wenn Sie dann noch rappzapp die Wohnungstürschlösser auswechseln, kommen Sie sogar ohne die gefürchtete »Riesenszene« aus der Nummer.

Wichtig ist jetzt, dass Sie nicht als Verlierer dastehen. SIE sind schließlich der, der die Beziehung beendet hat. Und zwar aus guten Gründen. Falls nicht, ist es jetzt höchste Zeit, in den blühendsten Farben aufzurollen, was Sie sich alles von dem herzlosen Monster, das Sie verlassen hat, gefallen lassen mussten. Falls Sie auch nur einer Handvoll Menschen außer Mutti, Ihrem Freundeskreis und dem Briefträger bekannt sind, geben Sie alle wichtigen Informationen zur Trennung brühwarm an die Boulevardpresse. Falls Sie Thronfolger sind, sorgen Sie dafür, dass Ihr Bodyguard oder der Reitlehrer die ganze Geschichte Ihrer Beziehung in einer umfassenden Biographie aufarbeitet.

# 07
# In der Firma

Ganz egal, ob Sie Webdesigner, Jurist oder Sachbearbeiter in einem Schraubengroßhandel sind. In jeder Firma geht es im Prinzip um dasselbe: es möglichst schnell vom unterbezahlten Praktikanten, der den halben Tag damit verbringt, dusselige Fragen zu stellen und am Kopierer Papierstau zu verursachen, zum überbezahlten Chef zu bringen, der den halben Tag damit beschäftigt ist, nicht erreichbar zu sein und im Meetingraum Entscheidungsstau zu verursachen. *Peter-Prinzip* nennt man landläufig das Hierarchieprinzip, das dafür sorgt, dass jeder Beschäftigte bis zu seiner Stufe der Unfähigkeit aufsteigen kann. Es könnte aber genauso Uschi-, Klaus- oder Ulf-Prinzip heißen. Denn aufsteigen wollen leider alle. Da heißt es Ellenbogen einsetzen.

## DIE ERSTEN ARBEITSTAGE

Sind Sie auf der untersten Sprosse der Erfolgsleiter und vielleicht sogar neu im Amt, wollen Sie natürlich gleich allen zeigen, welches Potenzial in Ihnen steckt. Schließlich waren Sie in Ihren Leistungskursen im oberen Drittel und haben das goldene Schwimmabzeichen. Zeigen Sie Ihren neuen Kollegen also, was eine Harke ist. *Karòshi* heißt in Japan der Tod, der Bienenfleißige nach einem Leben der Überarbeitung ereilen kann. Das schaffen Sie locker in der Probezeit! Hauen Sie rein. Und halten Sie nicht mit Kritik und Verbesserungsvorschlägen hinterm Berg.

Karriereförderliche Redewendungen:
»Was? Ihr arbeitet noch mit Mac OS X?«
»Kundenbetreuung kann ich. Haben wir in der Elf durchgenommen.«
»Was macht der Chef eigentlich den ganzen Tag so? Ich sehe den nie arbeiten.«
»Akten sortieren ist eigentlich nicht sooo das, wofür ich studiert habe.«
»Wie, Feierabend? Die Nacht ist jung.«
»Also, eine Abteilung zu leiten, würde ich mir schon zutrauen.«
»Wie wird man hier eigentlich Mitarbeiter des Monats?«

 **Höflichkeitsfalle:** Die erste Person, mit der Sie sich unterhalten, ist wahrscheinlich der Honk der Firma, und Sie werden die nächsten 30 Jahre damit beschäftigt sein, ihn wieder loszuwerden.

# NACH DER PROBEZEIT

Wenn Sie bis jetzt nicht von Ihren Kollegen mit der Computertastatur erschlagen worden sind, sind Sie nun auf dem Auslegeboden der Tatsachen angekommen und ein stinknormaler Angestellter, der eine Minute vor dem Chef am Arbeitsplatz aufschlägt, blitzschnell seinen Rechner hochjagt, den im Fahrstuhl abgestreiften Mantel über den Stuhl wirft, wichtig aussehende Arbeitspapiere auf dem Schreibtisch verteilt und eine gestresste Miene aufsetzt,

*»Morgen! Oh, Mann, ich versuche schon seit STUN-DEN ein Fax durchzujagen.«*

und den Arbeitsplatz eine Minute nach dem Chef gaaanz leise verlässt.

*»Ja dann.«*

Zeitgleich mit dem Erhalt einer eigenen Firmenvisitenkarte und diametral proportional zu Ihrer Stellung und Ihrem Arbeitseinsatz wächst jetzt die Gewissheit, dass man Ihre Kompetenzen komplett unterschätzt. Zu Recht! Lassen Sie die anderen wissen, was die Firma an Ihnen hat.

**Nützliche Redewendungen:**
*»Irgendwann bin ich hier weg, dann sollen die mal sehen!«*
*»Wer sorgt denn dafür, dass der Laden läuft?«*
*»Das ist für mich sowieso nur 'ne Durchgangsstation hier.«*
*»Wenn ich wollte, könnte ich ganz anders. GANZ anders.«*

**Außerdem dürfen Sie jetzt:**
… sich der Discobekanntschaft als Quasi-Juniorchef vorstellen.
… Bleistifte, Kugelschreiber und Büroklammern in rauhen Mengen mit nach Hause nehmen.
… darüber lamentieren, dass die Stimmung in der Firma früher echt besser war.

... missgünstige Vermutungen darüber anstellen, wie viel der Chef fürs Nichtstun kriegt.
... nach 15 Minuten Überstunden auf Firmenkosten mit dem Taxi heimfahren.
... auf jeder Party ausufernd von ihrer staatstragenden Tätigkeit bei der Entwicklung von Gummi-Auslassstutzen erzählen.

## DIE MITARBEITER

Jeder einzelne Mitarbeiter ist ein wertvolles Sandkörnchen im großen Arbeitsgetriebe. Es gibt den Mitarbeiter, der egal, was ist, um Punkt sechs den Griffel fallen lässt. Den Mitarbeiter, der stets mit großem Staubaufwirbeln einfliegt – und wieder abfliegt, wenn Arbeit ansteht. Den Mitarbeiter, der die Tür hinter sich zufallen lässt, wenn man hinter ihm gerade einen 30-Zoll-Bildschirm durch die Tür tragen will. Den Mitarbeiter, der in den vollbesetzten Fahrstuhl steigt, um in die nächste Etage zu fahren. Den Mitarbeiter, der einem immer dann seine neuesten Klingeltöne vorführt, wenn man sich gerade auf ein wichtiges Meeting mit dem Vorstand vorbereitet. Die Kollegin, die den ganzen Tag bei der Massage ist, weil sie es »am Rücken« hat. Den Kollegen, bei dem alle Locher, Lineale und Kugelschreiber auf mysteriöse Weise verschwinden. Den Mitarbeiter, der im Boden seiner mit *Superchecker* bedruckten Kaffeetasse eine seltene Schimmelart züchtet. Den Mitarbeiter, der bei jeder Betriebsfeier zu vorgerückter Stunde die Titelmelodie von *Biene Maja* furzt. Den Mitarbeiter, der sich immer mit seinem Tablett mit Gulasch und einem Apfel in der Kantine zu Ihnen setzt, obwohl Sie nicht mal seinen Namen kennen. Die Kollegin, die als Erste weiß, wer in der Buchhaltung was obenrum hat machen lassen und wer einen Miniatur-Penis hat – und lautstark darüber referiert. Den Mitarbeiter, der morgens mit tiefen Ringen unter den Augen erscheint und erst mal hinterm uneinsehbar aufgestellten Computerbildschirm ausschläft. Und, und, und. Kurz: Jeder Mitarbeiter hat sein ganz persönliches Potenzial. Und es ist Aufgabe eines guten Chefs, dies zu erkennen und zu fördern.

*Chef beim Rausgehen zur achtzehnjährigen Praktikantin am Kopierer: »Willst du mal Golfen lernen?«*
*Chef zur altgedienten Officemanagerin: »Kannst du die 400 Farbkopien übernehmen? Das wäre super.«*

Und was, wenn der Chef Ihr persönliches High Potential einfach nicht erkennt? Dann dürfen Sie ruhig nachhelfen – indem Sie einfach schön die Lorbeeren für jede halbwegs gelungene Arbeit einheimsen. Hier ist der richtige Einsatz des Worts »ich« von großer Bedeutung.

| **Richtig:** | **Falsch:** |
|---|---|
| Chef: »Wer hatte die Idee?« | Chef: »Wer hat am Wochenende Zeit?« |
| Sie: »Ich!« | Sie: »Ich!« |

## DAS ARBEITEN IM TEAM

So wichtig jeder Einzelne ist, so unvergleichlich wertvoll ist die Arbeit in der Gemeinschaft. Nicht auszudenken, was große Führer wie Hannibal, Dschingis Khan oder Napoleon Bonaparte erst vollbracht hätten, hätten sie vor wichtigen Entscheidungen mit ihrer ganzen Belegschaft Mind Mapping, Collective-Notebooking, Buzz-Meeting, Think Tank, Creative Circle oder Metaplanning gemacht! Heute weiß jede Führungskraft, wie wichtig es ist, die geballte Kraft des Teams zu nutzen.

*Chef vom Kopfende des runden Tischs, mit motivierendem Seminarleiterblick: »Lasst uns doch mal laut denken, Kinder.«*
*Tischrunde: ---*
*Chef, jovial: »Keine Angst. Ganz spontan!«*
*Nachwuchskraft, den ganzen Mut zusammennehmend: »Ich hätte da vielleicht eine Idee.«*
*Chef, mit offener Körperhaltung, lächelnd: »Ja, Ulf?«*
*Nachwuchskraft: »Vielleicht könnten wir eine Online-Geschichte starten.«*
*Tischrunde: ---*
*Chef: »Das ist irgendwie eine Scheißidee, Ulf. Lasst uns wieder leise denken.«*

## WER SITZT WO?

Galten früher strenge Sitzregeln im Büro, so darf heute jeder arbeiten, wo und wie es ihm passt. Mit den Füßen auf der Computertastatur, auf dem Wandschrank hockend, mit allen vieren von sich gestreckt auf der Dachterrassenliege, auf Sitzsäcken, Lounge-Würfeln, Gesundheitsbällen oder der Fensterbank herumlungernd, -turnend oder -balancierend. Die bescheidene Hockhaltung auf dem Boden ist üblicherweise dem Chef vorbehalten, der auf diese Weise signalisiert, dass er eine moderne Führungskraft ist, die nicht von oben herab befiehlt, sondern auf Augenhöhe mit seinen Untertanen ist.

## DER CHEF

Überhaupt sind die Zeiten passé, in denen der Vorgesetzte in der Einsamkeit der Chefetage mit Krawatte und dunklem Anzug vor sich hin regierte (»Frau Müller, zum Diktat bitte!«) und nur zweimal im Jahr (Betriebsfeier, Beförderung) in Erscheinung trat. Heute trägt der Olaf die gleichen Klamotten wie sein Junior-Angestellter (nur viel teurer) und kommt persönlich aus seinem stets sperrangelweit offenen Büro (Open Door Policy) rübergeschlendert, um den Mitarbeitern bei einem Becher Espresso erst die neue Fleet-Foxes-Platte auf dem iPod vorzuspielen und sie zu guter Letzt in freundlichem Kumpelton zu briefen.

*»Sorry, dass du das Wochenende durcharbeiten musst, Jens. Du kannst mir aber jederzeit mailen, wenn's was Dringendes ist. Im Downhill Racing Camp gibt's WLAN.«*

Ein guter Chef lässt seine Mitarbeiter auch an privaten Freuden und Sorgen teilhaben.

*» Mein Pool frisst mir noch die Haare vom Kopf. «*
*» Nee danke, kein Cappuccino. Ich hatte am Wochenende die Kotzeritis. «*
*» Ich glaube, die neue Empfangsfrau steht auf mich. Weißt du da was? «*

Und er darf ruhig auch mal Fehler zugeben. Das zeigt auf sympathische Weise, dass er auch nur Mensch ist.

*» Sabine, ich gestehe, da hab ich deine Fähigkeiten vielleicht überschätzt. «*
*» Mit deiner angekündigten Gehaltserhöhung hab ich mich etwas vergaloppiert, Klaus. «*

## WAS DÜRFEN SIE ALS CHEF?

Viele Privilegien, die Chefs früher zustanden, sind heutzutage durch die Konvention zum Schutz der Menschenrechte verloren gegangen (*Jus primae noctis,* nur um ein Beispiel zu nennen). Folgendes dürfen Sie nach wie vor:

- … einen Firmenwagen fahren, dessen Emissionswerte denen ganz Kasachstans entsprechen
- … eine Aktentasche spazieren tragen, die so schmal ist, dass höchstens eine Autozeitschrift reinpasst
- … sich von Taxifahrern Blancoquittungen geben lassen, in die Sie nach Lust und Laune vollkommen hanebüchene Phantasiebeträge einfüllen können
- … im Gespräch mit Untergebenen laut herumbrüllen und mit Gegenständen werfen

… überall mit Ihrem Stress und der Anzahl Ihrer Hörstürze und Scheidungen auftrumpfen
… Witze erzählen, die gänzlich ohne Pointe auskommen, und dafür tosendes Gelächter ernten
… Mitarbeiter mit falschem Namen ansprechen. Schließlich: Wer in Ihrer verantwortungsvollen Position soll sich alle 15 Mitarbeiter merken können?
… Ihre Mitarbeiter ermuntern, kreativ zu sein und ruhig Fehler zu machen, um sie beim ersten Fehler umstandslos zu feuern

Wenn Ihre Mitarbeiter Sie liebevoll mit Kosenamen wie »Mussolini« oder »Hitler« ansprechen, ist immer noch Zeit für Kursänderungen.

## WAS DÜRFEN SIE ALS NORMALER MITARBEITER?

Damit angeben, dass der Hund des Nachtwächters Sie schon mit Schwanzwedeln begrüßt.

## FRAUEN ALS CHEF

62 Prozent aller Arbeitnehmer sind weiblich, denn dank familienfreundlicher Gesetze und großzügiger staatlicher Förderung schaffen es immer mehr Frauen, Kinder, Haushalt, blendendes Aussehen und lausig bezahlten Teilzeitjob unter einen Hut zu bekommen. Mit Erfolg: 0,1 Prozent von ihnen bringen es sogar zu einem lausig bezahlten Führungsposten.

**Nützliche Verhaltensweisen für Angestellte:**

… Lächeln Sie die Chefin an und sprechen Sie ihr ein Kompliment (Haare, Augen, Kleidung) aus, bevor Sie mit dem Praktikanten in *medias res* gehen.

… Das Nein der Chefin bedeutet nein. (Natürlich kann man aber auch nachfragen, zum Beispiel direkt nach dem Meeting unmittelbar bei ihrem nächsthöheren Vorgesetzten.)

… Machen Sie Mutmaßungen über charakterliche Schwächen, sexuelle Präferenzen und Kinderlosigkeit der Chefin nur außerhalb ihrer Hörweite.

Offenheit und Hilfsbereitschaft sind nicht nur im Umgang mit weiblichen Vorgesetzten empfehlenswert, sondern auch mit sonstigen Randgruppen.

**Wohlmeinende Nachfragen:**

| | |
|---|---|
| »Sprechen Sie unsere Sprache?« | zum neuen, dunkelhäutigen Vertriebsleiter |
| »Lesen wir zu schnell für Sie?« | zum gehbehinderten Vorstandsvorsitzenden |

Zu viel Rücksicht kann aber nach hinten losgehen.

**Höflichkeitsfalle:** Je mehr Sie versuchen, sexistische, rassistische oder behindertenfeindliche Bemerkungen im Gespräch mit Mitarbeitern zu vermeiden, desto wahrscheinlicher werden Sie feststellen, dass Ihre Ausführungen nur so gespickt sind mit flapsigen Verweisen auf frustrierte Emanzen, Mohrenköpfe und Einbeinige.

## PÜNKTLICHKEIT IM MEETING

Die Hälfte des Arbeitstages verbringt man im Meeting. Darum ist es wichtig, einige Regeln zu beherzigen. Generell gilt: Auf die Sekunde genau kommen nur untergeordnete Chargen: verschwitzte, japsende Praktikanten, die im Schweiße ihres Angesichts fünf Tonnen Arbeitsunterlagen angefertigt haben. Fünfzehn Minuten später kommen die Mitarbeiter, die überhaupt nicht zum Meeting eingeladen waren, das aber nicht wissen, weil sie die letzten Arbeitsunterlagen nicht gelesen haben. Fünfzehn Minuten später kommen die, die den Raum für das nächste Meeting reserviert haben – das jetzt beginnen müsste. Wiederum fünfzehn Minuten später kommt der Stellvertreter des Chefs hereingefegt, der keinerlei Entscheidungsbefugnisse hat und trotzdem über alles unterrichtet werden muss, was in der letzten Dreiviertelstunde besprochen wurde (nichts), damit er anschließend zu den vorliegenden Themen sein komplett nutzloses *Go!* geben kann.

 **Tipp:** Überpünktlichkeit ist dann empfehlenswert, wenn ein Meeting mit Frühstücksbuffet anberaumt ist und Sie sich rechtzeitig die zwei Lachs-mit-Meerrettich-Brötchen sichern möchten.

## DAS ZWISCHENMENSCHLICHE

Job ist das eine – genauso wichtig ist jedoch das Miteinander am Arbeitsplatz. Schließlich verbringen die meisten Arbeitnehmer zehnmal so viel Zeit mit ihren Kollegen wie mit ihrem Lebenspartner. Menschliche Nähe schaffen Sie, indem Sie zum Beispiel einfach mal ins Nachbarbüro reinspazieren. Ohne anzuklopfen natürlich. Sie sind ja quasi unter Freunden.

*Sie, ins Zimmer Ihres Kollegen XY schlendernd:*
*»Na? ... Uh, ist hier 'ne Luft drin.«*
*XY, am Telefon, abwinkend: »Ja ... ich bin ganz bei Ihnen ...«*
*Sie, beiläufig in den Papieren auf dem Tisch stöbernd:*
*»Ho, was ist denn das?«*
*XY, zischend: »Flossen weg!«, dann eilig: »Nein ... 'tschuldigung ... nicht Sie ...«*
*Sie, mit vielsagendem Grinsen ein Foto hervorziehend:*
*»Oha. Deine Neue?«*
*XY, fahrig werdend: »Herr, öh ... kann ich Sie später vielleicht noch mal ...«*
*Sie, es sich jetzt mit den Füßen auf dem Tisch gemütlich machend, mit der Zunge schnalzend, summend die Schubladen Ihres Kollegens inspizierend: »ICH hab Zeit.«*

Intimes teilen ist überhaupt das A und O einer guten Bürogemeinschaft.

*Kollege im vollbesetzten Bürofahrstuhl mit Häschenstimme: »Ja, ich küss dich.«*
*Dann, schelmisch und augenrollend zu den intensiv die Fahrstuhldecke fixierenden Mitfahrern schauend:*
*»Hmm, DA auch.«*

Verhaltensforscher haben herausgefunden, dass nichts so anheimelnd ist, wie die leisen Beschäftigungsgeräusche eines lieben Menschen neben sich zu hören. Tun Sie sich also keinen Zwang an – es ist Balsam für die Angestelltenseele, wenn das Gegenüber im Büro:

… fortwährend vor sich hin summt und trällert
… seinen MP3-Player auf leise-aber-doch-unüberhörbar stellt
… sich regelmäßig räuspert, die Nase hochzieht, schneuzt und hustet
… laut vernehmlich Mohrrüben, Nüsse oder Kartoffelchips kaut
… ständig vor sich hin murmelt: »So, so, so, so Mehrwertsteuer. Machen wir doch mal den Dreisatz. 140 durch 100 … mal 19 …«

Behaglichkeit schafft auch ein persönlicher Stallgeruch. Wer sein Mittagessen – zum Beispiel Gyros mit Tsatsiki oder Nürnberger Rostbratwürstchen – im Büro einnimmt, sorgt für eine unverwechselbare Note im Arbeitsraum. Selbiges bewirken Sie übrigens auch, wenn Sie in regelmäßigen Abständen zum Rauchen rausgehen und beim Reinkommen eine kalte Nikotinfahne mit zurückbringen.

## SPÄSSE UNTER KOLLEGEN

Auch Humor ist ein gutes Mittel, um die Arbeitsatmosphäre aufzulockern. Aber was bedeutet was?

| | |
|---|---|
| Reißzwecke auf Bürostuhl | ganz normaler Spaß unter Kollegen |
| Kaffeetasse festleimen | ganz normaler Spaß unter Kollegen |
| »Doofi«-Post-it auf den Rücken kleben | ganz normaler Spaß unter Kollegen |
| Computertasten vertauschen | ganz normaler Spaß unter Kollegen |
| Zucker in den Tank des Firmenwagens füllen | ganz normaler Spaß unter Kollegen |
| Schuhbändel zusammenbinden | ganz normaler Spaß unter Kollegen |
| Telefon abhören, Mails lesen | ganz normaler Spaß unter Lidl-, Telekom- oder Schlecker-Kollegen |

# BÜROAFFÄREN

Wo man Tag für Tag, Woche für Woche, Jahr für Jahr auf so engem Raum zusammen ist, bleiben zarte Gefühle zwischen Kollegen und Kolleginnen natürlich nicht aus. Vor allem zu vorgerückter Stunde auf der Betriebsfeier und nach drei Wodka Red Bull, zwei Avernas, drei Gin Tonics und einem zufällig herumstehenden Flüssigkleber stehen die Chancen gut, dass Sie mit der Person, mit der Sie es sich vorher am allerwenigsten hätten vorstellen können, auf dem Fotokopierer im Materiallager kopulieren. Das dramatische und tränenreiche Ende der Affäre findet üblicherweise ein paar Tage später in der Kaffeeküche statt – oder via Mail, cc an alle.

**Achtung:** Obwohl wichtige Job-Infos Jahre brauchen, um zu jedem Mitarbeiter vorzudringen, ist die Nachricht, dass Sie nackt im Fahrstuhl erwischt wurden, rum, bevor Sie auch nur »Hopsa!« sagen können.

Bei Licht besehen, brauchen Sie während Ihrer gesamten Karriere nur drei Regeln zu beherzigen, um Ihren Weg nach ganz oben zu machen:

… Wenn die Kaffeemaschine, das Faxgerät oder der Kopierer blinkt oder komisch surrt, machen Sie einen großen Bogen drum und benutzen Sie die Maschinen ein Stockwerk höher.

… Lassen Sie sich niemals dabei erwischen, wenn Sie Ihre wöchentliche Ration an dreilagigem Klopapier, Spüli und H-Milch kurz nach Feierabend nach Hause schaffen.

… Pfuschen Sie einfach weiterhin vor sich her wie bisher, machen Sie dabei ein wichtiges Gesicht und beherzigen Sie immer die goldene Regel, die jeder Schalterbeamter im Arbeitsschlaf aufsagen kann: Sie sind auf der Arbeit – nicht auf der Flucht!

# 08 Im Restaurant

# DIE RESTAURANTWAHL

Von vergifteter Nahrung dahingerafft zu werden galt in der Antike als ganz natürliche Todesursache. Auch im Mittelalter segneten ungezählte Menschen mit Schaum vor dem Mund das Zeitliche. Es spricht nicht viel dafür, dass der Wirt des Italieners um die Ecke Ihnen Arsen, Fliegenpilz oder gefleckten Schierling in die Spaghetti mischen möchte. Dennoch sollten Sie sich vor jedem Restaurantbesuch ein genaues Bild über die Quelle Ihrer Mahlzeit machen. Eine bewährte Vorgehensweise ist es, am Fenster vorbeizuflanieren, einen betont beiläufigen 360-Grad-Radarblick auf Gäste, Speisetafel und Räumlichkeiten zu werfen und dann in leichtem Abstand stehen zu bleiben, um die Sachlage mit Ihrer Begleitung zu diskutieren. Kommen Sie zu keiner Einigung, wiederholen Sie den Vorgang ruhig mehrmals. Auf diese Weise weiß das Personal, das ausreichend Gelegenheit hat, Sie bei Ihrem argwöhnischen Hin und Her vor dem Restaurant zu beobachten, auch gleich, dass es es bei Ihnen mit einem anspruchsvollen Gast zu tun hat.

**Checkliste vor dem Eintreten:**
... Sehen Sie auf dem Boden zappelnde, grün angelaufene und röchelnde Gäste?
... Können Sie Staubflocken, Spinnweben oder Spuren von Schimmel entdecken?
... Sehen die Speisen lecker aus? (Nicht mit dem Finger zeigen, mit dem Kinn in die Richtung nicken genügt völlig.)
... Sind die Portionen groß genug?

… Ist genug Platz für Ihren Kinderwagen/Ihre Dogge?
… Genügt das Aussehen der Gäste/des Personals Ihren Anforderungen?

## DER TISCH

Katapultieren wir uns eben mal 200 000 Jahre zurück an einen kalten Wintertag im Altpaläolithikum. Sie sind ein Homo erectus und kommen geschlaucht von der Arbeit gelatscht (U-Bahnen gibt es ja leider noch nicht). Sie betreten die Stammeshöhle, werfen Ihre Steinwerkzeuge in die Ecke und möchten nur eins: schön gemütlich am Lagerfeuer auftauen und mit den anderen Mammutsteak mampfen, da kommt Ihnen ein Kellner in die Quere und teilt Ihnen mit, dass leider alle Plätze belegt seien und Sie bitte an einem anderen Tag wiederkommen möchten. Wie groß ist die Wahrscheinlichkeit wohl, dass Sie kurzerhand Geschnetzeltes aus ihm machen? Richtig.

Auch die Eltern unter Ihnen wissen aus leidvoller Erfahrung: Gibt man einem hungrigen Säugling nicht sofort – und zwar wirklich sofort – die Mutterbrust oder die Flasche, wird er so lange lauthals plärren, bis er die Milch oder das zuständige Jugendamt vor der Nase hat.

Desgleichen hört man immer wieder von Prominenten, die Restaurants in Schutt und Asche legen, weil sie keinen Tisch bekamen. Forscher erklären das damit, dass bei Hunger der Serotoninspiegel fällt, was zu emotionaler Überempfindlichkeit, Depressionen und Aggressionen führt. Lassen Sie es nicht so weit kommen. Auch wenn es so aussieht, als ob alle Tische besetzt wären: Ist dahinten nicht einer, an dem nur zwei Gäste sitzen, obwohl vier Stühle da sind?

*Sie, mit Ich-will-nicht-stören-Miene: »Entschuldigung, sind die noch frei?«*
*Gäste, mit abwehrender Körperhaltung: »Öh – ja, klar!«*
*Sie, schon ablegend: »Super!«*
*Gäste, hektisch ihre Sachen zuammenraffend: »Sekunde.«*
*Sie, großzügig: »Keine Eile!«*
*Gäste, ihre Kleider auf dem staubigen Fußboden verteilend: »Geht schon …«*
*Sie, kumpelnd: »Irre, wie voll das hier ist!«*
*Gäste, blitzschnell den Raum checkend, ob nicht bitte doch was anderes frei ist: »Ja.«*
*Sie, sich demonstrativ ganz, ganz ans Ende des Tisches quetschend: »Ist das für Sie okay?«*
*Gäste, beflissen lächelnd und eine Spur zu laut: »Ja, natürlich!«*

Jahaa, wenn Sie so lieb bitten! Natürlich ist das okay. Vielleicht möchten Sie noch weitere Freunde dazubitten? Ihre Familie, Ihre Nachbarn, Wildfremde? Alle sollen kommen! Völ-lig okay. Weshalb Sie nun auch Ihre alberne Affe-auf-dem-Schleifstein-Stellung aufgeben und sich an Ihrem Tisch ganz wie zu Hause fühlen können.

Eine subtilere Strategie, sich einen Tisch zu verschaffen, finden wir in Alfred Hitchcocks Meisterwerk »Die

Vögel«. Vergegenwärtigen Sie sich die Schlüsselszene, in der Tippi Hedren auf einer Bank sitzt und sich hinter ihr immer mehr Raben auf einem Klettergerüst versammeln. Am unheimlichsten ist die Stille, in der das geschieht – und die Tippi Hedren schließlich dazu bringt, die Flucht zu ergreifen. Sie werden überrascht sein, wie schnell auch Restaurantgäste das Weite suchen, wenn Sie sich mucksmäuschenstill hinter oder neben ihren Tisch stellen und mit geduldigem Blick abwechselnd auf die halbleeren Teller und in die Ferne schauen. Sowie der Tisch verwaist ist, dürfen Sie Platz nehmen. Erstens wollen Sie sich ja nicht die Beine in den Bauch stehen, bis der Kellner zum Abräumen kommt, und zweitens können Sie ihm sogar bei seiner Arbeit behilflich sein, indem Sie die Krümel Ihrer Vorgänger einfach selbst mit der flachen Hand auf den Boden fegen und eventuell schon mal die Tischdecke zusammenknüllen. So!

Was aber, wenn die Gäste sich nicht von Ihrer Tour haben einschüchtern lassen und zum Trotz noch die Nachspeisenkarte bestellen, um in aller Seelenruhe *Venezianischen Fruchttraum in drei Variationen*, einen Espresso macchiato und einen Averna zu verputzen? Dann müssen Sie wohl oder übel die Hilfe des Kellners in Anspruch nehmen. Das ist erfahrungsgemäß kompliziert. Selbst Kellner, die so langsam sind, dass man während des Servierens eine Operation am offenen Herzen an ihnen vornehmen könnte, wieseln an frisch eingetroffenen Gästen wiederum so fix vorbei, dass weder Blicke, Räuspern noch Winkzeichen zu ihnen vordringen. Sehen Sie also von Aktionen dieser Art ab – sie bringen Ihnen nichts ein außer einer Augenverrenkung, einem Stimmbandriss oder einem Muskelkater. Außerdem wollen Sie ja nicht als wild zwinkernder und winkender Volltrottel in Erscheinung treten. Für den Kellner mögen Sie unsichtbar sein – für alle anderen Gäste sind Sie es nicht. Was tun? Ein bewährtes Mittel ist, sich mit schüchtern an den Körper gepressten Armen in den Mittelgang zu stellen. Und zu warten. Wenn der Kellner zum fünften Mal den *Sizilianischen Feuertopf* an Ihnen vorbeibugsiert und Sie mit einem charmanten »Ups – 'tschuldigung!« einen Ausweichschritt auf den Mantel des hinter Ihnen sitzenden Gastes gemacht haben, wird er Sie fragen, ob Sie reserviert haben. Hurra!

*Sie, mit zerknirschtem Gesicht, als hätten Sie gerade die Katze Ihrer Oma überfahren:*
»*Reserviert?*«
*Kellner, sich schon auf der Siegerseite wähnend:* »*Nicht reserviert?*«
*Sie, mit einer Miene, als hätten Sie sogar alle fünf Katzenbabys Ihrer Oma überfahren:*
»*Leiiiiider nicht – Entschuldigung!*«
*Kellner, triumphierend:* »*Keine Reservierung, kein Tisch.*«
*Sie, langmütig:* »*Aber – das ist überhaupt kein Problem – ich kann warten!*«

Und wie Sie das können, Sie Ausbund an Reue und Demut! Sie können wahrscheinlich warten bis zum Sankt-

Nimmerleins-Tag. Und ein Problem ist das höchstens für den Kellner, den Feuertopf und den Gästemantel. Die Zeit arbeitet für Sie. Noch ein, zwei Minütchen Geduld, dann wird der entnervte Kellner Ihnen einen Tisch zuweisen – alleine, um Sie loszuwerden.

So. Wie immer Sie es angestellt haben: Sie haben Ihren Tisch. (Im Gegensatz zu dem Mann, der dem Kellner gerade versucht klarzumachen, dass er den Platz, an dem Sie sich breitgemacht haben, schon vor Wochen reserviert hat. Nicht hingucken – dafür können Sie ja nichts!) Jetzt heißt es: Essen auf den Tisch kriegen, und zwar zack, zack.

**Übliche Anrede des Personals:**

| | |
|---|---|
| Öm / Öh / Sie da | Förmliche Anrede eines einem unbekannten Kellners |
| Chef / Meister / Don Capone | Freundschaftliche Anrede eines Kellners, der einen schon mal bedient hat |
| Salvatore | Intime Anrede des Lieblingskellners, der Luigi heißt, was man sich blöderweise nur nie merken kann |
| Pfeifen / Schnalzen / Schnipsen / Zischen | Sehr intime Anrede, wenn der Kellner der eigene Ehemann/ die eigene Ehefrau ist |

**Unübliche Anrede des Personals:**

| | |
|---|---|
| Herr Ober / Ober / Kellner | Diese Anrede wird nur von Gästen über 90 verwendet – oder im Lehrbuch »Deutsch als Fremdsprache, Band I«. |

# WER BESTELLT ALS ERSTER?

… Männer und Frauen: Der Mann bestellt zuerst die große Schlachtplatte. Danach bestellt die Frau den grünen Vorspeisensalat (den sie später wegpicken wird, bevor sie vom Teller ihres Begleiters mitisst).

… Raucher und Nichtraucher: Die Nichtraucher bestellen zuerst, da die Raucher unauffindbar verschollen sind.

… Einladende und Eingeladene: Wenn der Einladende das Essen nicht als Spesen abrechnen kann, bestellt er üblicherweise als Erster. So kann er ein gutes Vorbild sein und den kleinen Tomatensalat oder die Pasta des Tages ohne Nachtisch wählen. Eingeladene lassen sich in der Regel nicht davon beirren. Schließlich: Wann werden sie Austern an Kobe-Wagyu-Filet an Trüffelrisotto noch mal gratis bekommen?

… Gruppen: Es hat sich bewährt, dass alle Gäste ihre Bestellungen wild durcheinanderrufen, während des Bestellvorgangs ihre Wahl mehrfach revidieren und nach dem Bestellen in wechselnder Besetzung und im Minutentakt an den Tresen gehen, um nachträgliche Sonderwünsche vorzubringen.

… Kinder dürfen natürlich als Allererste bestellen. In neun von zehn Fällen wird der Kellner allerdings trotzdem erst dann mit dem Pinocchio-Menü anrücken, wenn die Eltern bereits ihr gesamtes Essen mit schlechtem Gewissen und unter dem lauten Gequengel des Kindes verdrückt haben.

**Tipp:** Weisen Sie auf Ihre Nahrungsunverträglichkeit hin und schildern Sie eindrücklich deren mögliche Folgen. Dann kriegen Sie den Gurkensalat garantiert ohne Gurken – und dafür mit Spargelspitzen, Cocktailtomaten und Garnelen. Schließlich: Welcher Wirt will schon, dass Sie in seinem Gastraum mit epileptischen Zuckungen, nervösen Schreiattacken und grünen Flecken im Gesicht kollabieren?

## DIE WARTEZEIT

Egal, ob Sie die Festtagsplatte mit Feuerwerk bestellt haben oder zwei Schälchen Oliven, gehen Sie davon aus, dass Ihre Speise sich in der Zubereitung als die zeitintensivste herausstellen wird.

Hätten Sie das Glück, im Japan des 18. Jahrhunderts zu leben, würden nun zu Ihrer Erbauung bildschöne Geishas in Kimonos aus Seidenbrokat hereinrascheln und Sie mit anregenden Konversationsthemen versorgen, Gedichte und Gesänge vortragen, zarte Weisen auf Trommeln, Flöten oder dreisaitigen Shamisen spielen und dazu Blüten streuen und antike Fächertänze darbieten. Solche Zuwendungen ersetzt in unseren Breitengraden ein vor dem Mahl hingestellter Weißbrotkorb. Dennoch gibt es mannigfache Möglichkeiten, sich die Zeit bis zum Essen zu vertreiben. Von großem Unterhaltungswert ist zum Beispiel das gründliche und mit viel Schwenken, Schlürfen und Schmatzen verbundene Degustieren des bestellten Hausweins, was Ihnen am Tisch viel Respekt verschaffen wird.

**Höflichkeitsfalle:** In der Landessprache des Kellners zu bestellen, zeugt von großer Höflichkeit und Interesse an fremden Kulturen. Aufgrund mangelhafter Sprachkenntnisse kann es allerdings passieren, dass Sie statt des Weins versehentlich sexuellen Verkehr mit der Mutter des Kellners ordern. Dann werden Sie mit einem umgehenden Lokalverbot noch glimpflich davongekommen sein.

Falls Sie ein Mann sind, haben Sie jede Menge Zeit, das Display Ihres Handys auf eingehende Nachrichten zu studieren und aus den Augenwinkeln die Frauen im Lokal zu taxieren.

Sind Sie eine Frau, werden Sie es vorziehen, das Paar am Nebentisch mit nach unten geklapptem Unterkiefer zu belauschen und dabei das Wachs der Tischkerze zu einem Klumpen zu kneten.

Frisch verliebte Paare tauschen üblicherweise Intimitäten aus.

 **Tipp:** Interessant für Frauen ist in diesem Zusammenhang, dass jeder Kuss 26 Kalorien verbrennt. Zu zweit an einer Scheibe Weißbrot knabbern: 54 Kalorien; unterm Tisch füßeln: 64 Kalorien; unterm Tisch Oralverkehr: 143 Kalorien; unter dem Tisch in Stellung 69 gehen: 187 Kalorien; von der Polizei abgeführt werden: 204 Kalorien; alles erklären wollen: 320 Kalorien.

Etablierte Paare werden sich eine Weile vorwurfsvoll anschweigen und dann ein Beziehungsgespräch einleiten.

Sind Sie eine Gruppe, können Sie (nachdem Sie wie

eine Horde verhungerter Schakale über den Weißbrotkorb hergefallen sind) Interna aus dem Büro, dem Gesangsverein oder dem Elternstammtisch diskutieren, über das einzige Gruppenmitglied herziehen, das heute aufgrund einer Erkrankung nicht anwesend sein kann, und fröhlich herumlärmen.

**Spaßige Redewendungen beim Warten aufs Essen:**
*»Das Rind müssen Sie wohl erst noch fangen, was?«*
*»Den Fisch müssen Sie wohl erst noch angeln, hä?«*
*»Den Salat müssen Sie wohl erst noch pflanzen, harrharr!«*
*»Sollen wir noch mal eine Runde spazieren/Monopoly spielen/eine Weltumsegelung machen, bis das Essen kommt?«*

# DAS ESSEN IST DA

Wenn Sie die Regel beherzigen – und vorsichtshalber noch mal laut aufsagen –, dass Besteck immer von außen nach innen benutzt wird, kann beim Essen eigentlich nichts mehr schiefgehen – außer, Sie erwischen das Besteck des Sitznachbarn. Haben Sie Ihr Mahl beendet und zum Zeichen, dass es Ihnen geschmeckt hat, die Teller mit dem nachbestellten Weißbrot saubergewischt, signalisieren Sie dem Kellner, dass er abräumen darf (Besteck auf dem Teller verteilt, Serviette in der Bratensoße). Wollen Sie ihm eine besondere Freude machen, stapeln Sie die Teller schon mal zusammen oder reichen Sie sie ihm einzeln hinüber, während er abräumt.

# DIE RECHNUNG

Nach dem Essen bricht gewöhnlich ein kurzer Streit darüber aus, wer die Rechnung übernehmen darf. Achtung: Wenn Sie sich nach einem dezenten »Das geht auf mich!« nicht blitzschnell geschlagen geben und mit schicksalsergebener Miene hinzufügen: »Das nächste Mal bin ich aber dran!«, geht die Rechnung wirklich auf Sie!

*Sie, die Endsumme mit Erstaunen betrachtend: »Oha!«*
*Begleitung, besorgt: »Viel?«*
*Kellner: »Austern und bestes Kobe-Wagyu-Filet. Ist normal.«*
*Begleitung, kleinlaut: »Oh.«*
*Sie, gönnerhaft: »Nee, nee, schon okay!« Scherzhaft: »Sonst müssen wir abtrocknen …!«*
*Kellner, indigniert: »Kobe-Rind ist besonderes Fleisch.«*
*Sie, die einzelnen Posten studierend: »Ich guck nur noch mal …«*
*Begleitung, sehr klein mit Hut: »Alles okay?«*
*Kellner, beharrlich: »Kobe-Rinder werden besonders gefüttert. Besondere Zucht.«*
*Sie, gespielt hilflos: »… dreiundzwanzig plus sechsfünfzig plus fünfachtzig plus … in Rechnen war ich schon immer 'ne Niete! … Zu wievielt sind wir noch mal?«*
*Begleitung, mit aufkeimendem Trotz: »Zu zweit.«*

Bei großen Tischrunden ist es ein beliebter Brauch, getrennt zu zahlen. Besonders dankbar wird der Kellner sein, wenn Sie ihm helfen, die einzelnen Bestellungen auseinanderzuklamüsern (»Rosso di Salento? Nee, hatten wir gar nicht! Oder doch?«).

Und nehmen Sie die Sache mit dem Trinkgeld nicht auf die leichte Schulter. Viele Kellner müssen alleine davon leben! Errechnen Sie (notfalls mit dem Taschenrechner) exakt zehn Prozent der Gesamtsumme: »Achtundfünfzig Euro neunzig plus fünf Euro achtundneunzig macht vierundsechzig Euro neunundsiebzig Cent«, und drücken Sie dem Kellner die abgezählten Münzen direkt und mit großzügigem Lächeln in die Hand: »Stimmt so!«

Ein guter Gast wird zum Abschied noch mal auf minimale Punktabzüge hinweisen: den ganz leicht korkigen Wein, das ein klein wenig zu rohe Fleisch und den ein miniminibisschen zu langsamen Service. Damit tun Sie dem Restaurant schließlich einen Gefallen! Und wer weiß: Vielleicht bekommen Sie sogar noch einen Averna aufs Haus?

**Nützliche Redewendungen im Restaurant:**
*»Wir würden dann auch gerne mal bestellen.«*
*»Gibt's den Vorspeisensalat auch in Klein?«*
*»Haben Sie unser Essen noch auf dem Zettel?«*
*»Das ist nur mein Handy.«*
*»Ich möchte den Koch sprechen.«*
*»Ich möchte den Geschäftsführer sprechen.«*
*»Ich möchte die Gesundheitsbehörde sprechen.«*
*»Oh. War das die Fingerwaschschüssel?«*
*»Kriegen wir den Grappa aufs Haus?«*
*»Stimmt so!«*

Sollte der Kellner hingegen Anstalten machen, Sie mit bloßen Händen zu erwürgen, zahlt es sich nun aus, dass Sie Ihren Fluchtwagen direkt vor dem Lokal quer über Bürgersteig und Radfahrweg geparkt haben!

# Beim Ausgehen

09

# IM KINO

Die Geister scheiden sich darüber, wann der angemessene Zeitpunkt ist, den Kinosaal zu betreten. Sind Sie über sechzig und mit Ihrem Canasta-Club unterwegs und gehören damit zu den Kinoliebhabern, die fröhlich lärmend, giggelnd und prustend elf Trailer, zwei Dolby-Surround-Vorführungen und 21 Werbespots kommentieren, sollten Sie pünktlich eintrudeln.

Wahre Cineasten entern den Saal etwa zwei Minuten, nachdem das Deckenlicht ausgegangen ist. Dann hat das Drunter und Drüber sich gelegt, und man kann in Seelenruhe und unbehelligt von durcheinanderwuselnden Kinobesuchern seinen Platz einnehmen. Diskret natürlich. Nehmen Sie sich ein Beispiel am sich heranpirschenden Kojoten. Oder sagen wir: am sich heranpirschenden Kojoten, der mit Chipstüten und einem bidetgroßen Colabecher bepackt in gleißendem Projektorenschein über Beine und Taschen hinweg zu seinem Platz in der Mitte der Reihe stolpert.

 **Tipp:** Falls Ihr Vorgehen bei den anderen Kinobesuchern für Gebrummel sorgt, machen Sie einfach einen sogenannten Höflichkeitsbuckel. Damit sind Sie mindestens 2 mm kleiner, also fast unsichtbar!

Haben Sie Ihren Platz gefunden (und eventuelle Platzräuber verjagt – alles, was recht ist!), beginnt der gemütliche Teil. Bitten Sie Ihre Sitznachbarn, kurz Essen und Trinken zu halten, nehmen Sie Mantel, Schal, Hut, Strickjacke und Pullover ab und polstern Sie sorgfältig die Sitzfläche. Neunzig Minuten auf einem harten Sessel können lang werden. (Na gut. Eigentlich sind es ja jetzt nur noch achtundachtzig.) Falls der Vorspann schon vorbei ist, bitten Sie Ihren Nachbarn, Ihnen schnell zu erzählen, was bisher passiert ist.

 **Tipp:** Falls der Vorspann noch läuft, können Sie sich jetzt rasch noch umsehen: Sehen Sie im Publikum Freunde? Bekannte? Kollegen? Winken Sie! Oder rufen Sie dezent deren Namen!

Großgewachsene Menschen werden beim Sichumdrehen vielleicht in vorwurfsvolle Mienen blicken. Machen Sie sich nichts draus. Über das krankhafte Geltungsbedürfnis kleinwüchsiger Menschen wurde schon viel geschrieben. Nirgendwo steht dagegen, dass Menschen, die über 1,90 m sind, keine Hoch- oder Afrofrisuren tragen dürfen!

## WÄHREND DES FILMS

In den Anfangsjahren des Kinos standen in einigen Ländern professionelle »Erläuterer« neben der Leinwand, die das unerfahrene Lichtspielpublikum von Filmszene zu Filmszene durch die Handlung führten. Heutzutage sind die meisten Kinogänger mit Erzähltechniken wie Schnitt, Zeitsprung und Ortswechsel vertraut. Dennoch kann es nicht schaden, wenn Sie komplexe Zusammenhänge für alle hörbar analysieren.

*Sie, als auf der Leinwand die Notre-Dame zu sehen ist: »Ah! Der Louvre!«*
*Sie, als die beiden Hauptdarsteller zum innigen Kuss verschmelzen: »Wenn DA mal nichts läuft!«*
*Sie, als der Mörder ein unglaubwürdiges Alibi zum Besten gibt: »Pfft. Wer's glaubt!«*

Wer weiß, womöglich hat Ihr Sitznachbar zwischen der Szene, als die »Titanic« ein Eisriff rammt, und der Szene, in der sie untergeht, einen kleinen Schlaganfall mit Gedächtnisschwund erlitten? Ist doch klar, dass Sie ihm auf die Sprünge helfen – in diesem zischenden Flüsterton, der bis in die letzte Reihe hörbar ist.

*»Auwei! Und alles nur wegen dem blöden Eisberg!!«*

Wer mit seinem Kleinkind gekommen ist, wird diesem unter Umständen erklären wollen, warum der nackte Mann und die nackte Frau so komisch dastehen oder warum der andere Mann keinen Kopf mehr hat. Falls Sie in Begleitung eines Freundes sind, für den Deutsch eine Fremdsprache ist oder der mit der englischen OmU-Version überfordert ist, dürfen Sie selbstverständlich simultan übersetzen. So viel Toleranz muss sein. Egal, was die Umsitzenden sagen. Vergessen Sie nicht: Andere bekommen Geld für so was!

☛ **Tipp:** Besonders lebendig wird die Synchronisation, wenn Sie die Stimmen der einzelnen Filmcharaktere in unterschiedlich hohen Tonlagen wiedergeben.

Angesichts vieler mehr als fragwürdiger Drehbücher kann es mitunter sogar notwendig sein, in die Handlung einzugreifen, indem Sie mit den Darstellern auf der Leinwand sprechen.

*»Nun mach schon, Mann, renn, du Idiot!«*
*»Stopp-stopp-stopp-stopp! Nicht DEEEEEN!«*
*»Ja, jetzt stirb halt endlich!«*

Obgleich, das muss hier eingeräumt werden, bislang nicht bewiesen werden konnte, dass diese Sie hören.

## PROVIANT

Bei längerem Nahrungsmangel kann es nach kurzer Zeit zu Kräfteverfall, Verwirrung und Depression kommen. Es ist also nur vernünftig, wenn Sie für die Zeit der Kinovorführung vorsorgen. Eine solide Grundlage (und ein heimeliges Aroma) schaffen Tortilla-Chips mit Knoblauchsauce, Currywurst oder Zwiebelmettbrötchen.

 **Tipp:** Kaufen Sie Tortilla-Chips, die so groß sind, dass sie beim Verzehr klingen wie zerspringende Dachziegel. Niemand wird darauf kommen, dass Sie der Verursacher des monströsen Geräuschs sind!

Und Süßes hält den Blutzuckerspiegel auf Trab. Es versteht sich von selbst, dass Sie Kaugummiblasen nur an lauten Filmstellen platzen lassen und Strohhalmsauggeräusche im Colabecher auf ein Minimum reduzieren.

**Höflichkeitsfalle:** Wenn Sie Ihr Bonbonpapier extra gaaaaanz, gaaaanz vorsichtig und langsam auspacken, so dass das zarte Gerascheln sich minutenlang durch den Hauptdialog des Films zieht, könnte es sein, dass Sie gaaaanz, gaaaanz langsam von einem der Umsitzenden erdrosselt werden.

## BEWEGUNG

Jeder Arzt wird Ihnen bestätigen, dass Informationen leichter aufgenommen und verarbeitet werden können, wenn der Körper in Bewegung ist. Das gilt natürlich auch für das Aufnehmen anspruchsvoller Filminhalte. Pendeln Sie also auf Ihrem Sitz hin und her, strecken Sie Arme und Beine aus und bohren Sie Ihre Knie in den Sitzrücken des Platzes vor Ihnen. Falls Sie zu den zwölf Prozent der Bevölkerung gehören, die am *Restless-Legs-Syndrom* leiden, dürfen Sie auch mit den Füßen dagegentreten.

 **Tipp:** Alles, was nicht auf der Richterskala angezeigt wird, ist im grünen Bereich.

## DAS HANDY

Wenn Ihr Handy ausgerechnet an der spannendsten Filmstelle klingelt, müssen Sie natürlich nicht rangehen. Lassen Sie es zu Ende klingeln. Und stellen Sie es dann auf *Vibrieren*. Höchstmögliche Stufe. So dass die ganze Hose Alarm schlägt, ach was, die ganze Sitzreihe – wenn Ihr Bekannter fünf Reihen hinter Ihnen anfragt, ob Sie sich nachher alle im *Abaton-Café* treffen. Und simsen Sie ihm ebenso unauffällig mit vom Handydisplay hell erleuchteten Gesicht zurück:

*»Super, lass uns einfach alle zusammen 5 Minuten vor Schluss rausgehen!«*

## MIT ERKÄLTUNG INS KINO?

Ein böser Schnupfen kann einen von einer Sekunde auf die andere erwischen. Das ist aber noch lange kein Grund, eine Kinovorstellung, auf die Sie sich schon lange gefreut haben, sausen zu lassen. Bewaffnen Sie sich einfach mit einer Monatspackung Papiertaschentücher, marinieren Sie sich mit Eukalyptusöl und versuchen Sie, nur die unwichtigen Stellen der Dialoge mit Ihrem bronchitischen Husten und Ihrem Darth-Vader-artigen Röcheln zu übertönen.

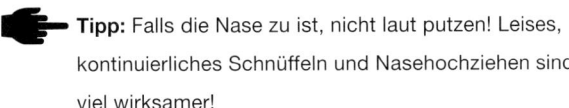 **Tipp:** Falls die Nase zu ist, nicht laut putzen! Leises, kontinuierliches Schnüffeln und Nasehochziehen sind viel wirksamer!

## NACH DEM FILM

Falls Sie nicht zu denen gehören, die den Abspann bis hin zur Nennung des Catering Service Second Assistant studieren, haben Sie es jetzt eilig. Lassen Sie das Kaugummi ruhig unterm Sitz und die Becher, Bonbonpapiere, Servietten, verschüttetes Popcorn auf dem Boden liegen. Schließlich gibt es eine Reinigungskraft, die extra dafür bezahlt wird. Von Ihrer Karte!

Beim Verlassen des Kinosaals ist es üblich, umgehend Kameraführung, Schnitte und schauspielerische Leistungen zu bewerten und auf diese Weise beim Passieren der Menschentraube, die auf die nächste Vorstellung wartet, alle Höhepunkte, die lustigsten Stellen und das überraschende Ende zu verraten.

## IN THEATER UND OPER

Ertönt die Glocke zum ersten Mal, ist das das Zeichen, in der Foyer-Bar noch schnell ein Glas Prosecco zu bestellen. Das zweite Klingeln markiert den Zeitpunkt, an dem Sie die letzte Zigarette anzünden dürfen. Das dritte Klingeln dient als Erinnerung an den noch vor Vorführungsbeginn zu erledigenden Toilettenbesuch.

## WER SITZT WO?

Der Begriff *Theater* rührt ursprünglich vom griechischen *theatron* = Zuschauerraum. Das kommt daher, dass die wahren Dramen nicht auf der Bühne stattfinden, sondern in ebendiesem Zuschauerraum. Fängt schon damit an, dass Theater- und Opernsäle grundsätzlich so gebaut sind, dass zwanzig Prozent aller Zuschauer in Reihe Q, im rechten Winkel zur Bühne und hinter einer Säule sitzen, die die halbe Sicht auf das Geschehen verdeckt. Falls Sie einen dieser Billigpreis-Sitze ergattert haben, können Sie den ganzen Abend mit einem in extrem unnatürlicher Haltung gebogenen Hals verbringen und sich direkt im Anschluss in orthopädische Behandlung begeben. Wollen Sie dies vermeiden, halten Sie gleich beim Betreten des Zuschauerraums Ausschau nach leeren Plätzen, die näher an der Bühne sind. Verharren Sie dazu sprungbereit und mit fest umklammertem Mantel in der Halbhocke auf Ihren Plätzen, bis die Lichter gedimmt werden. Dann dürfen Sie im triumphalen Siegeszug mit allen Bekannten, die Sie mitgeschleppt haben, um in den Genuss der Gruppen-Vergünstigung zu kommen, nach vorne hechten. Nun haben Sie mindestens fünf Minuten freie Sicht, bis die rechtmäßigen Besitzer mit Prosecco-Fahne eintrudeln und Sie mit dem gesamten Trupp im Gänsemarsch den Rückzug antreten müssen.

 **Tipp:** Alles halb so wild, wenn Sie sich bei jedem der betroffenen Zuschauer, über die Sie nun hinwegklettern, lautstark entschuldigen und ihm freundschaftlich auf die Schulter klopfen.

## WÄHREND DER VORFÜHRUNG

Als Opernfreund beweisen Sie Sachverstand und fahren die respektvollen Blicke aller Umsitzenden ein, wenn Sie die Melodie leise mitsingen, -summen oder -brummen, den Takt mit dem Fuß schlagen und feinsinnig mit geschlossenen Augen mitdirigieren.

 **Tipp:** Kaugummi kauen ist absolut salonfähig, solange Sie es im Rhythmus der Musik tun.

Auch im Theater weist sich ein vor Erregung stocksteif und mit offenem Mund dasitzender Zuschauer natürlich als absoluter Provinzler aus. Theaterprofis kann man nicht so leicht beeindrucken. Sie kennen Ihren *Woyzeck*. Gähnen Sie. Zitieren Sie hörbar Fragmente der Verrisse aus den Feuilletons. Blättern Sie im Programmheft. Kommentieren Sie leise die aufgebrezelten Vorstädter vor Ihnen. Machen Sie gymnastische Übungen im Sitz. Und stehen Sie gelangweilt auf, wenn die Nacktszenen kommen. Aber verlassen Sie den Saal (im eigenen Interesse) erst, wenn Sie diese vollends gesehen haben.

 **Tipp:** Wollen Sie Ihrem Unmut mehr Nachdruck verleihen, ist es nützlich zu wissen, dass das Verprügeln von werkuntreuen Regisseuren zumindest in Bayern nur als Ordnungswidrigkeit gilt!

## BEIFALL

Früher sorgten bezahlte Beifallklatscher, sogenannte *Claqueure* für Applaus, »*Da capo!*«- und »*Zugabe!*«-Rufe. Heutzutage ist das nicht mehr notwendig. Wenn Sie wissen wollen, wie man angemessenen Beifall spendet, nehmen Sie sich ein Beispiel an chinesischen Parteiversammlungen und Volkskongressen. Egal, ob es sich beim Stück um ein zweistündiges Jahrhundertwerk oder »Urmel aus dem Eis« handelt, und unabhängig davon, in welch komatösem Zustand Sie den Akteuren beim Sichabrackern zugeschaut haben: Fällt der Vorhang, ist es üblich, augenblicklich und automatisch in einen gleichmäßigen mit Pfiffen und Bravorufen untermauerten Klatschrhythmus zu verfallen, der in Fußtrampeln und Standing Ovations und in besonderen Fällen in eine La-Ola-Welle übergeht.

Wohnen Sie einem klassischen Konzert bei, werden die Musizierenden sich geschmeichelt fühlen, wenn Sie auch zwischen den einzelnen Sätzen der Sinfonie frenetisch in die Stille hinein applaudieren.

 **Tipp:** Mit einer Vuvuzela bekommt Ihr Begeisterungssturm noch mehr Wumms.

## DIE PAUSE

Traditionell gibt es im Theater und in der Oper etwa eine Toilette pro 200 Zuschauer – am anderen Ende des Gebäudes. Sehen Sie also zu, dass Sie sich vor dem offiziellen Pausenzeichen rausschleichen, wenn Sie nicht die gesamte, sauer verdiente Prosecco-Pause in einer Endlosschlange vor der WC-Tür verbringen wollen – vor allem, wenn Sie eine Frau sind! Haben Sie erst mal eine Kabine okkupiert und sich darin häuslich niedergelassen, haben Sie alle Zeit der Welt. Womöglich werden Sie jetzt die Toilettenbrille mit fünf Lagen Toilettenpapier polstern (um sich keine Infektion mit dem Ebola-Virus zuzuziehen), in aller Seelenruhe Nase pudern, Eyeliner, Kajalstrich, Lippenstift und Lipliner nachziehen, das Haar sorgfältig kämmen und ondulieren, die Glanzstrumpfhose, den Stringtanga und den Push-up zurechtzupfen und noch mal die eingehenden SMS der letzten Jahrzehnte checken – vielleicht machen Sie auch Ihre Wäsche, stricken sich einen warmen Cardigan oder schreiben Ihr Testament, weiß man's? Was Frauen hinter den verschlossenen Türen öffentlicher Toiletten machen, ist ein bislang ungeklärtes Phänomen. Egal. Lassen Sie sich nur nicht hetzen, eine alte Frau ist schließlich kein D-Zug. Solange Sie den draußen vor der Tür wartenden, Füße scharrenden und Fäuste ballenden Frauen beim Rausgehen einen netten, schwesterlichen Blick zuwerfen, ist alles in Butter.

# DER SCHLUSSAKT

Anders als beim Fußballspiel, wo auch in der neunzigsten Minute noch das entscheidende Tor fallen kann und Sie sich den Rest Ihres Lebens in den Hintern beißen würden, wenn Sie das verpassen, kommt am Ende einer Oper oder eines Theaterstücks nur noch die Vorhang-auf-Applaus-Vorhang-zu-Nummer. Wenn Sie keine Lust haben, nur deswegen anschließend stundenlang in der Garderobenschlange zu stehen oder im Parkplatzstau hängen zu bleiben, machen Sie fünf Minuten vor Ende einfach unauffällig die Fliege.

 **Tipp:** Falls man Ihnen blöd kommt, täuschen Sie einfach stehende Ovationen vor und schieben Sie sich dabei im Seitwärtsgang schleunigst nach draußen.

## ROCK- UND POPKONZERTE

Zwischen Einlass und tatsächlichem Konzertbeginn liegt in der Regel der Auftritt eines drögen Singer-Songwriters oder einer Indie-Band aus Kanada, die keine Socke kennt. Das müssen Sie sich nicht antun!

## DIE VORGRUPPE

Erfahrene Popkonzertbesucher kommen grundsätzlich auf den allerletzten Drücker und treffen sich erst mal mit Freunden zum großen Hallihallo an der Bar. Eine hervorragende Ausgangsposition, um einzuschreiten, wenn die Vorgruppe nach drei Songs nicht umgehend einen Abgang macht. Generell hat es sich bewährt, nach dem ersten Song gut hörbar kritische Kommentare über Gesangsausbildung und Gesäßgrößen der Musiker zu machen, nach dem zweiten Song durch die Finger zu pfeifen und den Namen der Hauptband zu rufen und nach dem dritten Song in offene »Buh«-Rufe auszubrechen.

## DER HAUPT-ACT

Haben die Greenhorns das Feld geräumt, heißt es: Flugs den besten Stehplatz ganz vorne an der Bühne erobern. Nun macht sich der Startplatz an der Bar ein zweites Mal bezahlt. Wer wollte Ihnen den Durchgang verwehren, wenn Sie sich mit Ihrem randvollen Wodka-Lemon-Becher eine Schneise durch die dichtgedrängte Masse bahnen? Hauptsache, Sie erklären freundlich und mit bedauernder Miene: »'tschuldigung, ich muss da durch!«

**Tipp:** Wenn Sie noch »Vorsicht, heiß und fettig!« hinterherschieben, weisen Sie sich als humorvoller Mittvierziger aus, den man schon allein aus Mitleid vorbeilässt.

Haben Sie einmal den Platz gefunden, von dem aus Sie der Band praktisch in die Nasenlöcher gucken können, ist dieser Ihrer! Ob Sie zwischendurch kurz mal eine Rauchen gehen, Getränke holen oder Ihre Mutter anrufen: Die Regel »Weggegangen, Platz vergangen« hat keinerlei Gültigkeit für Sie. Lassen Sie sich also nicht von den nachgerückten Aasgeiern abschrecken, wenn Sie eine halbe Stunde später wieder auf der Bildfläche auftauchen. Sie sind schließlich ein Fan der ersten Stunde und haben damit gewisse Vorrechte. Das dürfen Sie auch ruhig demonstrieren – nicht nur dadurch, dass Sie, la la laaaaa, na-na-naaa, den Refrain in ohrenbetäubender Lautstärke mitgrölen, während sie inmitten der sachte wippenden Menge hoch und runter hüpfen oder Lichtkunstwerke mit Ihrer Zigarette machen!

Brüllen Sie betrunken Songwünsche in Richtung Bühne – es heißt ja nicht umsonst Wunschkonzert! Verlangen Sie immer wieder nach den alten Songs, die Ihre Lieblingsband berühmt gemacht haben. Auch wenn diese inzwischen zehn weitere Alben herausgebracht hat, die außer Ihnen wirklich jeder kennt. Und ja, halten Sie unbedingt während des gesamten Konzerts Ihr dauerblitzendes Handy in die Luft, damit Sie die Aufnahmen simultan weitermmsen können und später Fotos haben, auf denen man winzige Glühwürmchen in einer unscharfen Rauchwolke sieht. Hauptsache ist doch, es rockt!

# CLUBS UND PARTYS

Einer der unvergessenen Szenen der Filmgeschichte ist die im munteren Tanzfilm »Saturday Night Fever«, in der Tony Manero alias der bis dato weithin unbekannte John Travolta im hautengen und weiß glitzernden Anzug mit zur Decke gestrecktem Arm auf dem bunt erleuchteten Dancefloor sein Bestes gibt. Schwingt nicht bei jedem Ausgehen auch heute noch ein bisschen von diesem glamourösen Je-ne-sais-Quoi mit? Okay. Tut es nicht. Trotzdem: Mit anderen auszugehen ist eine hervorragende Gelegenheit, maximalen Spaß mit minimalem finanziellem Aufwand zu verbinden. Wenn Sie die Sache richtig angehen.

# DIE HINFAHRT

Falls Sie nicht mit einer Limousine vor den Club Ihrer Wahl vorgefahren werden können, sollten Sie in vorausschauender Vernunft ein Taxi nehmen. Überlassen Sie einem Ihrer Freunde großzügig (mit dem Verweis auf dessen lange Beine) den Beifahrersitz im Taxi, dann können Sie schon mal sicher sein, dass Sie am Zielort nicht zur Kasse gebeten werden. Steigen Sie aus, nuscheln Sie irgendwas in der Richtung »Ich zahl dann die Rückfahrt …« und haken Sie die Sache ab. Die Wahrscheinlichkeit, dass Sie später in derselben Besetzung nach Hause fahren, wie Sie jetzt hingefahren sind, ist gleich null. Außerdem müssen Sie sich jetzt auf die nächste Aufgabe konzentrieren.

## DAS REINKOMMEN

Das war schon immer der schwierigste Teil der Veranstaltung. Hätten Sie seinerzeit ins legendäre Studio 54 reinkommen wollen, in dem Leute wie Andy Warhol, Liz Taylor, Mick Jagger, Truman Capote, Frank Sinatra, Margaux Hemingway und Salvador Dalí abhingen, hätten Sie es allerhöchstens geschafft, reinzukommen, wenn Sie nackt oder mit einem Affen auf der Schulter aufgeschlagen wären. Seien Sie also froh. Sie müssen sich nur in eine Warteschlange einreihen. Je angesagter die *Location*, desto länger ist sie natürlich. Da Sie weder Spinnweben noch Eintritt zahlen wollen, empfiehlt es sich, schon im Vorfeld zu eruieren, wer auf der Gästeliste ist, damit Sie sich unter falschem Namen durchschleusen können. Falls Sie – wie unter gewieften Partygängern üblich – zwei Stunden zu spät eintreffen, ist die Wahrscheinlichkeit natürlich groß, dass alle Namen durchgestrichen sind und Sie auf eigene Faust am stiernackigen, Knöchel knackenden Türsteher vorbeikommen müssen. Als Frau wird Ihnen das mühelos gelingen – als normalsterblicher Mann allenfalls in weiblicher Begleitung. Von Vorteil ist es natürlich, wenn Sie den Türsteher kennen – zum Beispiel von einem gemeinsamen Haftaufenthalt. Falls nicht: Tun Sie einfach so, als ob Sie ihn kennen würden, indem Sie das *High-Five*-Zeichen machen und seinen Spitznamen rufen.

*»Ey, Kante!«*
*»Was geht, Fist?«*
*»Alles klar, Cold Blood?«*

Die Verwendung von Spitznamen wie *Dickerchen* ist nur bedingt zu empfehlen – es sei denn, Sie haben ohnehin vor, sich ein neues Gebiss anzuschaffen.

Werden Sie schließlich mit dem unter Türstehern üblichen *Blick der Todesverachtung* durchgewunken oder bekommen Sie zur Begrüßung sogar ein Schulterklopfen oder einen freundschaftlichen Fausthieb zwischen die Rippen, haben Sie es geschafft. Glückwunsch! Nun kann der Spaß losgehen!

## DIE PARTY

Nichts ist langweiliger als ein Partygast, der den ganzen Abend an einem Jever Fun nippt und am Ende der Veranstaltung noch so nüchtern ist wie ein Mormone am Sabbat. Sinn und Zweck jeder Party ist es, einen rauschenden Abend zu verleben, an den sich jeder ewig erinnert. Seien Sie also nicht schüchtern. Ein Gläschen Alkohol lockert die Stimmung, ein weiteres Gläschen die Zunge, nach dem dritten Gläschen flutscht das Gespräch wie von selbst.

> **Tipp:** Lassen Sie sich ruhig die ersten Runden spendieren und rufen Sie laut hörbar: »Das nächste Mal hol ich!« Nach ein paar Promille weiß ohnehin niemand mehr, wer was bezahlt hat.

Spätestens nach dem zehnten *Tequila Schuss* sind Sie strahlender Mittelpunkt der Party und können tun und lassen, was Ihnen gefällt! Wühlen Sie in den Platten des

DJ und fragen Sie ihn, ob er auch »was zum Tanzen« habe. Preschen Sie mit ausladenden Beckenbewegungen auf die Tanzflächenmitte. Singen Sie laut den Refrain mit. Umarmen Sie alles, was sich bewegt, und versuchen Sie, mit möglichst vielen Umstehenden Geschlechtsverkehr einzuleiten, Sie wildes Partytier, Sie Lord Voldemort des Nachtlebens! Beginnen Sie einen Faustkampf mit jedem, der Ihre Freundin oder Ihr Bier anschaut. Pinkeln Sie in den Regenschirmständer. Streiten Sie sich bis aufs Messer über die Regeln beim Tischtennis. Brechen Sie in hemmungsloses Schluchzen aus, weil Ihr Wellensittich vor zwanzig Jahren gestorben ist. Springen Sie nackt in den eingewinterten Pool. Das ist der Stoff, aus dem große Partys gemacht sind.

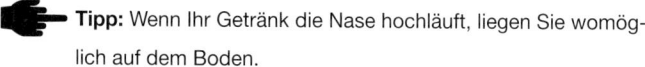 **Tipp:** Wenn Ihr Getränk die Nase hochläuft, liegen Sie womöglich auf dem Boden.

## DER NACHHAUSEWEG

Wenn es am schönsten ist (also dann, wenn alle anderen Gäste gegangen sind und nur noch Sie und der Garderobenständer Arm in Arm und kichernd am Tresen stehen), soll man gehen. Versäumen Sie nicht, dem Barpersonal noch mal zu versichern, wie sehr Sie es lieben, dem Reinigungstrupp für den schönen Abend zu danken und dem Taxifahrer ein aufmunterndes Scherzwort wegen des Erbrochenen auf seinem Rücksitz mit auf den Weg zu geben.

## DER TAG DANACH

Wenn Sie sich am nächsten Morgen im eigenen Bett und in Gesellschaft eines halb aufgegessenen Döners, auf der Parkbank und in Löffelchen-Stellung mit einem Obdachlosen oder auf dem Polizeirevier wiederfinden, werden Sie beim Revue-passieren-Lassen des vorhergehenden Abends womöglich das Bedürfnis haben, ein Erdloch zu buddeln und sich so lange darin zu verstecken, bis sämtliche Ihrer Bekannten zu alt sind, um sich an die Ereignisse zu erinnern. Trösten Sie sich damit, dass Sie sich erstens dank Ihres Filmrisses wenigstens nur an die Hälfte dessen erinnern, was Sie alles gesagt, gesungen und getan haben. Und zweitens spätestens auf der nächsten Party jede Menge Gelegenheit haben, das Geschehene verblassen zu lassen. Im Vergleich jedenfalls.

# Im Supermarkt 10

Drei Faktoren machen das Einkaufen im Supermarkt oft zum Alptraum: Das Wareneinsammeln. Das Anstehen an der Kasse. Das Bezahlen. Genau genommen also alles.

Eigentlich könnte alles so einfach sein: Sie marschieren mit einem gut geölten Einkaufswagen zügig vom Eingang zur Kasse und sacken dabei alle auf Ihrer Liste stehenden Waren ein. Theoretisch. Praktisch werden Sie schon in der Obst- und Gemüseabteilung in Ihrem Elan gestoppt. Von einem freudestrahlenden Bekannten, der plötzlich wie aus dem Erdboden geschossen vor Ihnen steht und den Sie natürlich nicht mit mauem Kopfnicken abfertigen können. Begrüßen Sie ihn mit großem Hallo, und lassen Sie Ihren Einkaufswagen irgendwo stehen, bestimmt stoßen gleich noch weitere Herdentiere zur Wasserstelle – ja, wer weiß: Vielleicht entwickelt sich sogar ein spontanes Volksfest? Wer schlank und navigationssicher ist, kommt locker an Ihnen vorbei. Normalgewichtige werden sich wortlos durch den Menschenauflauf pflügen oder zur Unterstreichung ihrer Autorität mit Napoleon-Stimme »Entschuldigung!« brüllen.

 **Tipp:** Gehen Sie immer mit ordentlichem Hunger zum Einkaufen. Der erhöhte Adrenalinspiegel verschafft Ihnen den notwendigen Drive, sich im Stau durchzusetzen.

## WER KAUFT WIE EIN?

Sind Sie ein Mann, werden Sie Ihren Einkaufswagen auch sonst mit ordentlichem Wumms auf dem vorgegebenen Parcours entgegen dem Uhrzeigersinn vorwärtsbewegen und dabei um die Regalecken brausen wie ein Formel-1-Bolide. *Systematisches* Einkaufen nennen Verhaltenspsychologen dieses Vorgehen. Frauen kaufen *zielgerichtet* ein. Das heißt, sie dürfen kreuz und quer und entgegen der Gangrichtung durch den Supermarkt trippeln, alle fünf Meter unvermittelt bremsen, den Wagen in der Gangmitte abstellen und eichhörnchenhaft Vorräte aus allen Himmelsrichtungen heranschaffen, beim Vorbeigehen mit Psychologenblick in fremde Einkaufswagen starren, Frischobst drücken, beschnuppern und anschließend zurücklegen, Deckel aufschrauben und Geschmacksproben machen, Tiefkühlbohnen bei geöffneter Tiefkühltür ins Visier nehmen, bis diese vollständig aufgetaut sind, und die Inhaltsangaben aller Shampoos im Regal so lange studieren, bis sie problemlos in Biochemie promovieren könnten.

> **Tipp:** Nehmen Sie alle Shampoos mit. Die Flaschen, die Sie nach längerem Überlegen doch nicht brauchen, stellen Sie einfach in diese kleine Lücke im Nudelregal. Sicher wird jemand anders genau beim Passieren dieser Stelle einfallen, dass er noch Shampoo kaufen muss, und sich sehr darüber freuen!

Eltern werden je nach pädagogischer Auffassung in regelmäßigen Intervallen brüllen: »Gleich setzt's was, Chantal!«, oder flöten: »Mark-Oliver, magst du bitte mal den Lolli zurücklegen?«, wenn ihre Sprösslinge Packungen aus den Regalen ziehen und deren Inhalt im

Gang verteilen oder sich vor dem Süßigkeitenregal auf den Boden werfen und schreien.

Empfehlenswert ist die Benutzung der mittlerweile von vielen Supermärkten zur Verfügung gestellten Kinder-Einkaufswagen, mit denen Kinder durch die Gänge pesen und am Gangende unvermittelt wie im Thriller *Shining* vor anderen Einkäufern auftauchen.

 **Tipp:** Alles entspannt, solange die Geschosse Ihrer Kinder eine Geschwindigkeit von 50 km/h nicht überschreiten und die Kleinen sich schön an die StVO halten.

## DAS PERSONAL

Obgleich jeder weiß, dass im Dienstleistungssektor der Kunde eigentlich König sein sollte, ist dies leider viel zu selten der Fall. Und devotes, aufmerksames und fachkundiges Supermarktpersonal seltener als ein fünfblättriges Kleeblatt oder eine Blaue Mauritius. Verrät der verpickelte Azubi, der mit verträumtem Blick genau an der Stelle im Regal rumwerkelt, wo Sie vorbeimüssen, Ihnen also nicht in einer Nanosekunde, wo zum Teufel die Dosentomaten diese Woche wieder stehen, ist es für den Nichtsnutz eine wertvolle erzieherische Erfahrung, wenn Sie umgehend seine Kompetenz, seine allgemeine Auffassungsgabe und seine Daseinsberechtigung in Frage stellen, lautstark nach dem Geschäftsführer verlangen und schließlich explodieren.

**Nützliche Verhaltensmaßnahmen:**
… stöhnen
… schnaufen
… Füße scharren
… Augen gen Himmel verdrehen
… Arme in die Luft werfen
… vorwurfsvoll auf die Armbanduhr schielen

## KORREKTES VERHALTEN AN DER WURSTTHEKE

Wer weiß schon genau, wo die Wursttheke endet und die Fleischtheke beginnt und unmerklich in die Käsetheke übergeht? Nutzen Sie die Grauzone und stellen Sie sich frei nach dem Motto »Alles hat ein Ende, nur die Wurst hat zwei!« an das Ende der Schlange, von dem aus Sie direkt Aug in Aug mit der Fleischbedienung sind. Ist Ihre Bestellung von drei Kilo Rinderfilet, hauchfein geschnitten, erst mal in Arbeit, können die anderen Kunden meutern, wie sie wollen.

## DIE KASSENSCHLANGE

Supermärkte unterliegen strengen Richtlinien, die vorgeben, dass fünf von sieben Kassen grundsätzlich geschlossen sein müssen. Wer Murphys Gesetz kennt, weiß außerdem, dass die Kassenschlange, in der man ansteht, grundsätzlich die langsamste ist. Bis man sie verlässt. Ganz hinten in einer langsamen Schlange zu stehen heißt jedoch nicht, dass alles verloren ist. Einmal haben Sie die

Möglichkeit, Ihren Vordermann mit dem Einkaufswagen in den Hintern zu buffen. *Bodycheck* nennt man das im Eishockey. Ein ganz legales Mittel, um den Gegner aus der Bahn zu verdrängen. Oder fragen Sie den Ersten in der Schlange einfach, ob er Sie *eben mal* vorlassen kann. Falls er auch nur einigermaßen naiv aussieht, kommen Sie damit immer durch. Schließlich haben Sie triftige Gründe.

*»Mein Auto steht im absoluten Halteverbot.«*
*»Mein Kleinkind ist alleine zu Hause mit dem Küchenmesserblock.«*

Falls Sie der sind, der vorlassen soll, ist die Sache komplizierter. Lehnen Sie ab, wird man Sie mustern, als hätten Sie die Blattern. Lassen Sie sich bequatschen, werden all die, die hinter Ihnen stehen und nun ebenfalls eins nach hinten rücken, Sie hassen. Am besten, Sie machen es wie im Straßenverkehr: auf Durchzug schalten, starr nach vorne gucken und so dicht an den Vordermann aufschließen, dass dieser Ihre Nasenhaare spüren kann.

## DIE ANDERE SCHLANGE

Was tun, wenn sich plötzlich eine Supermarktangestellte an der bislang geschlossenen Nachbarkasse zu schaffen macht? In der alten Schlange bleiben und nachher der Blödi sein? An allen Wartenden vorbei zur Nachbarkasse vorschießen und dann feststellen müssen, dass die

Angestellte nur mal schnell ihr vergessenes Pausenbrötchen holen wollte?

Am besten, Sie positionieren sich in einer Vollgrätsche zwischen beiden Kassen (das können Sie jederzeit mit dem klemmenden linken Vorderrad rechtfertigen).

Ertönt der matte Ruf »Sie können auch hier rüberkommen!«, wechselt in der Regel zuerst der Letzte in der Schlange, der am kürzesten angestanden hat, zur neuen Kasse. Dann die Großfamilie mit vier Einkaufswagen. Dann die nach Kleingeld fummelnde Oma. Dann der albanisch aussehende Bartträger, der mit Erdnüssen bezahlen möchte und das Obst nicht abgewogen hat. Dann der verkeilte Knäuel von Menschen, die die *Kassengrätsche* gemacht haben und nach einem hektischen Vorwärts-rückwärts-Tänzchen schließlich ratlos in der Mitte zwischen den beiden Kassen stranden.

## DIE SCHNELLKASSE

Ihr zum Platzen vollgeladener Einkaufswagen sieht aus wie die Planwagen, die Flüchtlinge in Zweite-Weltkrieg-Dokus vor sich her wuchten. Und es ist ein Wunder, wie Sie ihn überhaupt ohne die Hilfe von Mauleseln und Lastkränen an die Kasse gebracht haben. Es ist jedoch wissenschaftlich erwiesen, dass der Mensch nur bis zu einer Menge von fünf Gegenständen überblicken kann. Woher sollen Sie also wissen, ob Sie mehr als zehn Gegenstände im Einkaufswagen haben? Soll der Sauertopf hinter Ihnen mit seinen drei Äpfeln Ihnen doch ruhig ein Loch in den Hinterkopf gucken. Haben Sie Ihre Waren erst mal auf dem Band der Schnellkasse deponiert, ist Ihr Platz ohnehin reserviert. Jetzt können Sie auch noch mal schnell Brokkoli holen. Und Fischstäbchen. Und Toastbrot.

## DER ZAHLVORGANG

Hat die Kassiererin ihren Plausch mit den Kollegen oder die Lästerei über ihren Vorgesetzten beendet und ihre Kurzmitteilung fertiggeschrieben, wird sie Sie mit dem unter Kassiererinnen vorschriftsmäßigen *Toten Blick* begrüßen und beginnen, Ihre Waren zu scannen. Zeit für Sie, Löcher in die Luft oder in andere Kunden zu gucken. Kurz bevor die Warentürme auf dem Kassentisch kollabieren, nuschelt die Kassiererin dem unsichtbaren Menschen neben Ihnen die Endsumme zu – das Zeichen für Sie, in Ihrem Geldbeutel zu kramen und festzustellen, dass Sie mit EC-Karte zahlen müssen. Lassen Sie sich ruhig noch mal von der Kassiererin zeigen, wie man die verkratzte Karte in das Lesegerät steckt. Einmal, zweimal, dreimal. Vielleicht weiß sie sogar Ihre PIN. Wie war die noch mal? Unter Stress blockiert das Gehirn. Nur Ruhe. Die Kassiererin wird Ihre verbleibenden Lebensmittel jetzt mit Schmackes zur Seite schieben, dass die Joghurtbecher knacken. Der richtige Moment, um Ihre Quittung noch mal gründlich zu studieren und kritische Nachfragen zu stellen – Wieso ist eigentlich der Spargel so teuer? –, Leergutbons nachzureichen und um Extraeinkaufstüten zu bitten.

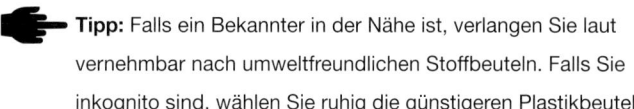 **Tipp:** Falls ein Bekannter in der Nähe ist, verlangen Sie laut vernehmbar nach umweltfreundlichen Stoffbeuteln. Falls Sie inkognito sind, wählen Sie ruhig die günstigeren Plastikbeutel.

Lassen Sie sich nicht vom nächsten Kunden drängeln, der rudernd versucht, sich Zugang zu seinen sich stapelnden Einkäufen zu verschaffen.

## BEIM AUSGANG

Zwei Tüten, zwei Hände. Sie haben jetzt genug zu bewältigen. Lassen Sie den Einkaufswagen mit der abgearbeiteten Einkaufsliste und den welken Salatblättern also ruhig an der Kasse stehen. Was zählt, ist jetzt nur, ob Ihr Auto noch an seinem Platz steht. Wenn Sie mitten in der Automatiktür zwischen den rein- und rausgehenden Kunden stehen bleiben, haben Sie den besten Ausblick. Sehen Sie den Fahrer, den Sie in zweiter Reihe zugeparkt haben, wild herumfuchteln, gehen Sie mit festem und sicherem Schritt durch den laufenden Verkehr auf die andere Straßenseite und begrüßen Sie ihn mit einem entwaffnenden »Ups, hat etwas länger gedauert!«. Wenn Ihre Tüte reißt und Ihre Einkäufe über die Straße kullern, können Sie alle Sympathien brauchen.

## ALTERNATIVES EINKAUFEN

Viele Leute hassen es, im Supermarkt einzukaufen. Erstens, weil es so anonym ist, und zweitens natürlich, weil Sie alles, aber auch alles selbst machen müssen. Sie müssen beim Einkaufswagenholen nach 1-Euro-Münzen kramen. Sie müssen einen Dreierpack Paprika nehmen, obwohl Sie nur zwei Paprika wollen. Sie müssen Ihr Leergut eigenhändig in den Schlund eines Automaten werfen und rausfinden, warum er es nicht annimmt, Sie müssen Ihre gekauften Waren selbst in die Einkaufstaschen füllen, in einigen Supermärkten müssen Sie Ihre Waren sogar schon selbst einscannen …

Nichts müssen Sie! Wenn Sie über das nötige Einkommen verfügen oder nicht mehr als einen Goldfisch zu versorgen haben oder beides, können Sie Ihren Einkauf auch beim Feinkosthändler oder beim Türken an der Ecke machen.

Da ist alles viel persönlicher! Schon beim Reingehen können Sie nach allen Seiten lächeln, grüßen, nicken, winken und scherzhafte Bemerkungen austeilen: Sie werden überall freundliche, vertraute Gesichter sehen. Man wird Sie und Ihre drei Bio-Äpfel ohne viel Federlesens an die Theke vorlassen. Und wenn Sie schon mal da sind, können Sie sich schnell auch noch mal zwei ungespritzte Limetten von Mehmet geben lassen, ohne blöd angemacht zu werden. Man kennt sich ja. Und, ach ja, ein kleines Schälchen cremigen Schafskäse. Und Oliven. Kein Ding! Und habt ihr noch Bio-Amaranthmüsli? Nee, nicht das – das andere! Wenn Sie jemand von hinten mit einem Laib Ciabatta zu Boden streckt, wissen Sie wenigstens, wer es war!

# 11 Moderne Kommunikation

# TELEFONIEREN

Das Festnetztelefon ist der Brontosaurus unter den Telefonen. Klingelt es, ist am anderen Ende wahrscheinlich weder die Kindergärtnerin, die Ihnen mitteilen will, dass Ihr Kind gerade jemanden gebissen hat, noch Ihr Nachbar mit der Nachricht, dass Ihre Garage in Flammen steht, sondern schlicht jemand, der nur mal Hallöchen sagen will und die letzten zwanzig Jahre Mobiltelefonie verschlafen hat (Oma), jemand, der aus irgendwelchen Gründen Ihre Handynummer nicht hat (anonym) oder Herr Gupta aus der Marktforschung.

# RANGEHEN ODER NICHT?

Kein Grund also, in Hektik zu verfallen. Wenn es gerade nicht passt, stecken Sie den Anrufer doch erst mal in die *Große Warteschleife*. Einfach abheben, mit atemloser Stimme sagen, man könne jetzt schlecht, rufe aber gleich zurück, und die Sache dann für immer vergessen.

Eltern machen gerne vom *Kleinen Warteschleifchen* Gebrauch. Dazu müssen Sie nur Ihr Kind bitten, den Hörer abzuheben:

*»Halo? Da! ... Mukmuk? Mukmuk? Ha-lo?«*

Sie können dann in aller Ruhe Ihr Mahl beenden oder Ihren Kühlschrank abtauen. Obwohl das Geplapper mit Ihrem Kind für den Anrufer quälender ist als die traditionelle algerische Wasserfolter, wird er sich niemals als

Kinderhasser outen wollen und deshalb zähneknirschend ausharren, bis Sie an den Hörer geschlendert kommen.

*»Ja? Schullgung, hb grad dn Mnd vll.«*

 **Tipp:** Sie können auch das folgende Telefonat erstaunlich verkürzen, wenn Sie dabei Parallelgespräche mit besagtem Kleinkind führen und in kurzen Intervallen unvermittelt in den Hörer brüllen: »Niklas, du SIEHST doch, dass Mama telefoniert, musst du immer dazwischenquatschen?«

Keine Sorge: Wenn Sie wirklich zu beschäftigt sind, um dranzugehen, kann der Anrufer Ihnen ja auf den Anrufbeantworter schweigen (Oma), Sie auf selbigem bitten zurückzurufen (anonym) oder versuchen, Sie per E-Mail, Facebook, Xing, Skype, Twitter und iChat zu erreichen (Herr Gupta).

## DAS MOBILTELEFON

Streng genommen ist heutzutage ja auch das Festnetztelefon ein Mobiltelefon. Wer einmal ein dramatisches Beziehungsgespräch in Halbhocke an die Schlafzimmertür gepresst führen musste, weil das bis zum Äußersten gespannte Spiralkabel nur genau bis dorthin reichte, der weiß, dass schnurloses Telefonieren eine Befreiung ist – gegen die sich die Flucht von Alcatraz geradezu lächerlich ausnimmt!

Noch praktischer sind Telefone natürlich, die man nicht nur in ein anderes Zimmer mitnehmen kann, sondern überallhin. Dennoch entspringt die in Deutschland gebräuchliche Bezeichnung *Handy* wahrscheinlich nicht dem englischen Begriff *handy* (= praktisch), sondern dem im Zweiten Weltkrieg produzierten *Handie-Talkie* SCR-536, das man wie ein Telefon in der Hand halten konnte.

## DIE RICHTIGE LAUTSTÄRKE

Kommunikationsforscher glauben, dass es diesem militärischen Erbe zu verdanken sei, dass wir am Handy gemeinhin so LAUT sprechen, als wären wir in einem Luftangriff – unter heftigem Maschinengewehrbeschuss. Zudem wissen wir natürlich alle, wie kompliziert die Technik der Schallübertragung ist. Wer kann schon sicher sein, dass dieses winzige Telefon-Mikrofon es tatsächlich schaffen wird, unsere Worte kilometerweit zu übertragen?

Es ist also völlig natürlich und in Ordnung, Telefonate in Bahnabteil, Buchladen oder Gartenrestaurant vorsichtshalber so laut zu führen, als operierten Sie mit zwei Blechdosen und einem Bindfaden oder seien Sie Commander Kirk beim Kommunizieren mit einem Raumschiff aus einer anderen Galaxie.

*»HALLO, HERR DOKTOR WALDENFELD, WIE SIND DIE ERGEBNISSE DES ABSTRICHS?«*
*»JENS WILL IMMER NUR SEX, SEX, SEX VON MIR ...«*
*»JA KLAR HAB ICH DEN ZASTER VERGRABEN! ALLES WIE GEPLANT!«*

Forscher der Cornell University in den Staaten fanden jüngst heraus, dass lautes Mobiltelefonieren in der Öffentlichkeit bei Außenstehenden für Unmut sorgt, weil diese nur die Hälfte des Dialogs verstünden und sich gezwungen fühlten, sich den Rest zusammenzureimen. Dieses Problem können Sie aus dem Weg räumen, indem Sie die Lautsprechertaste Ihres Handys drücken – oder indem Sie mit Hilfe eines Mobiltelefon-Headsets vortäuschen, dass Sie nicht telefonieren, sondern lediglich in ein intensives und wirres Selbstgespräch vertieft sind. Wer wollte einem vermeintlich an schlimmer Schizophrenie leidenden Menschen böse sein?

## DER PASSENDE KLINGELTON

So wie Schuhe, Handtaschen und Hunde sind auch Klingeltöne längst modisches Accessoire, das viel über den

Charakter des Besitzers aussagt. Alleine der Hersteller *Jamba* bietet über 900 fiepende, trötende und polyphon furzende Klingeltöne, mit denen Sie Ihre Persönlichkeit gebührend unterstreichen können. Ob Sie jedoch *Brunftschrei eines Pottwals*, *Alte Hupe* oder *Peer-Gynt-Suite* ausgewählt haben – generell gilt: Lautstärke ist wichtiger als Melodik. Schließlich müssen Sie Ihr Handy aus der Kakophonie des Alltags heraushören.

Ein Blick ins Vogelreich, genauer gesagt: in ein Zebrafinken-Forschungsgehege in Seewiesen bei Starnberg, hat gezeigt, dass laute Sänger auf ihre Artgenossen anziehender wirken als leisere Zeitgenossen. Forscher des Max-Planck-Instituts für Ornithologie mutmaßen zudem, dass laute Vögel größer gewachsen sind und bessere Gene haben. Diese Ergebnisse lassen sich eins zu eins auf Handybenutzer übertragen. Klingelt Ihr Handy also auf voller Lautstärke, lassen Sie sich nicht durch Beschimpfungen oder körperliche Attacken beirren. Dahinter steckt nichts als Bewunderung.

Genießen Sie diese und lassen Sie es ruhig mehrmals klingeln, bevor Sie rangehen. Ein Hahn kräht schließlich auch nicht nur einmal.

 **Höflichkeitsfalle:** Wenn Sie beim ersten Klingeln ans Telefon gehen, signalisieren Sie hingegen, dass Sie ein arbeitsloser Nichtsnutz und jederzeit erreichbar sind – oder zum dienenden Personal gehören.

## WO DARF TELEFONIERT WERDEN?

Generell dürfen Sie auch überall dort telefonieren, wo Sie eine Dienstleistung in Anspruch nehmen. Zum Beispiel an der Ladenkasse, ganz vorne am McDonald's-Schalter oder im Taxi. Schließlich ist der Kunde König. Auch ein intensives Beziehungsgespräch im Café ist kein Grund, einen eingehenden Anruf wegzudrücken. Einfach das Handy zweimal klingeln lassen, das Gesicht zu einer abfälligen Grimasse verziehen und schließlich schwer schnaufend (»Sorry, da muss ich ran!«) abnehmen.

*Sie, bellend und mit vor Unmut ganz zerfurchter Stirn: »Ja, bitte?«*
*Anrufer: »Du, ganz kurz, was ziehst du nächsten Samstag an …?«*

Wenn Sie nun sichtbar fassungslos den Kopf schütteln und im Zwei-Minuten-Takt abwechselnd mit den Augen rollen und mit hochgezogenen Brauen auf Ihre Uhr schielen, sind Sie moralisch aus dem Schneider und können ewig weitertelefonieren, ohne dass Ihr Gegenüber Ihnen einen Vorwurf machen kann. SIE hätten ja schon längst abgebrochen. Wenn die Zecke von Anrufer auch nur ein Fünkchen Anstand im Leib hätte.

Wenn Sie ganz sichergehen wollen, jederzeit Anrufe entgegennehmen zu können, ganz egal, was Sie gerade machen oder wo Sie gerade sind, stellen Sie zusätzlich die Einstellung *MAILBOX SPRINGT AN* auf *NIE*.

**Achtung:** Sollte Ihr auf LAUT und MAILBOX SPRINGT NIE AN eingestelltes Handy mitten im Yogakurs oder während der Autorenlesung bimmeln, wühlen Sie keinesfalls beflissen in Ihrer Tasche, sondern starren Sie eisern nach vorne und hoffen Sie, dass die Batterie irgendwann von alleine aufgibt.

## NEBENBEI TELEFONIEREN

Die Tageszeitung *Welt Kompakt* stellte jüngst blitzmerkerisch fest: »Wir telefonieren mit Mama und checken dabei Mails.« Ja, natürlich checken Sie beim Telefonieren Mails. Wann sonst? Sie haben Ihre Zeit schließlich nicht gestohlen. Sie dürfen beim Telefonieren auch Ihre Steuern machen, Memoiren schreiben und quantenphysikalische Aufgaben lösen. Hauptsache, Sie sagen an der richtigen Stelle mit tonloser Stimme »Uh-uh«, »Ja« und »Ach, echt?« und können plausibel erklären, dass die fieberhaften Tippgeräusche im Hintergrund von einem hyperaktiven Holzspecht rühren.

## WER ZAHLT WAS?

In der Regel zahlt immer der, der anruft. Das ist eigentlich unfair. Denn von dem Telefonat haben ja beide Seiten etwas. Nehmen Sie sich ein Beispiel an Studenten, die sich von ihren Eltern zurückrufen lassen, weil sie ihr gesamtes BAföG im *Salsa* verjubelt haben. Schlaue Rechner, in der Psychologie auch *Anale Charaktere* genannt, nutzen das *R-Gespräch* – auch, um Geburtstagsgrüße oder Kondolenzanrufe zu übermitteln oder um ihrer Freundin zu sagen, dass sie sie vermissen.

## DIE KURZMITTEILUNG

Der französische Staatspräsident Nicolas Sarkozy simste jüngst während einer langweiligen Papstaudienz, Bundeskanzlerin Angela Merkel weist per SMS ihre Mitarbeiter an, und Heerscharen von selbsternannten SMS-Gurus verbreiten gebührenpflichtig Weisheiten per SMS.

Was lernen wir daraus? Erstens, dass Papstmeetings dröge sind. Zweitens, dass man mit dem *Short Message Service*, der ursprünglich nur dazu gedacht war, Telefonkunden über Netzstörungen zu informieren, ein Land dirigieren und stinkreich werden kann. Natürlich nur, wenn man es richtig anstellt.

## DIE TAKTIK DES »WANDERNDEN AUGES«

Kann sein, dass der 84-jährige Benedikt XVI. nicht mehr peilt, dass sein Besuch mit dem Handy unterm Tisch herumdaddelt. Ganz sicher möchten Sie aber nicht von einem nahöstlichen Diktator oder Ihrem Chef dabei erwischt werden. Fixieren Sie Ihr Gegenüber mit einem scheinaktiven, »toten« Auge und lassen Sie das andere Auge huhnartig zwischen Gegenüber und Handy hin- und herwandern, dann haben Sie alles im Blick. Im schlimmsten Fall hält man Sie für den Enkel von Marty Feldman.

## SCHNELLE ANSCHLÄGE

Ob Sie aus dem fahrenden Auto oder rasch vom heimischen Balkon aus eine Botschaft an Ihre Büro-Affäre simsen wollen: Geschwindigkeit ist alles. Angela Merkel bringt es schätzungsweise auf 534 SMS-Zeichen pro Sekunde. Das schaffen Sie auch. Dabei müssen Sie allerdings in Kauf nehmen, dass die Orthographie leidet, vor allem, wenn Sie ein Smartphone mit zierlicher Tastatur verwenden.

*»Sbine, ich werf dich fimmer liebnen!!«*

## KRYPTISCHE BOTSCHAFTEN

Macht nichts. Alle wichtigen Nachrichten der abendländischen Geschichte waren auf rätselhafte Weise verschlüsselt. Denken Sie nur an den brennenden Dornbusch oder die fünf Wundmale. Am rätselhaftesten sind Botschaften, die samstagnachts um halb drei im Fahrgastraum von Taxen verfasst werden.

*»ich bn jsidncodnaaallshhs«*
*»Du ARCSH, chhab dch gr nicht beleidugt!!!«*
*»cgwill dich shreien hören!!!«*

Falls Sie diese versehentlich an den falschen Adressaten (Chef, Mutter, Ex) schicken, empfiehlt es sich, am nächsten Morgen eine ausgekochte Erklärung nachzuschieben. Oder aber längere Funkstille, bis Gras über die Sache gewachsen ist.

# KURZ FASSEN!

Der Daumen ist das Alphatier unter den Fingern, der schnellste, stärkste, beweglichste Finger, der uns schon vor 20 Millionen Jahren ermöglichte, uns evolutionstechnisch von anderen Primaten abzuseilen. Gleichzeitig ist er extrem empfindlich. Wenn Sie nicht zu denen gehören wollen, die am *SMS-Daumen* leiden, entlasten Sie Ihren Daumen also, wo es nur geht, indem Sie sich gängiger Kürzel bedienen.

*BIGLEZUHAU HUND*

Sollen doch die anderen mal sehen, was sie draus lesen.

## E-MAILS

Wollte ein Babylonier einem anderen Babylonier vor dreitausend Jahren etwas schriftlich mitteilen, zum Beispiel, dass die Pest ausgebrochen war oder die Stadt belagert wurde oder Bauer A eine Kuh an Bauer B verkauft hatte, musste er sich erst mal eine Tontafel kneten und seine Nachricht in Keilschrift und mit einem Schilfrohrgriffel hineinritzen. Dann musste er die Tafel in der Sonne oder im Feuer härten und einen Boten finden, der zum Empfänger ritt und ihm die Tafel vorlas und dann in die Hand drückte. Angesichts dieser aufwendigen Prozedur kann man sich vorstellen, wie karg die babylonische Kommunikation gewesen sein muss. Kein Wunder, dass die Babylonier auf dumme Gedanken kamen und den Turmbau zu Babel begannen. Und wie das ausging, weiß man ja.

Dank moderner Technologie ist der Mensch heutzutage rund um die Uhr und an jedem Ort damit beschäftigt, interessante Nachrichten zu senden und zu empfangen. Diese werden (mit Ausnahme von Omas Geburtstagskarten und dem Peking-Imbiss-Flyer) nicht vom Briefträger übermittelt, sondern elektronisch. Zum Beispiel in einer E-Mail.

Microsoft-Gründer Bill Gates bekommt, wie ein Mitarbeiter vor einigen Jahren ausplauderte, täglich vier Millionen E-Mails. Der deutsche Durchschnittsangestellte erhält immerhin neunundvierzig. Stressforscher haben längst herausgefunden, dass E-Mail-Fluten zu Nervosität, Herz-Kreislauf-Beschwerden – und Antwort-E-Mails – führen. Dabei kann man den Stress mit wenigen Kniffen reduzieren. Das beginnt schon bei der Betreffzeile einer Mail. Niemand wird ernsthaft erwarten, dass Sie jeder Mail einen Betreff hinzufügen. Lassen Sie das Feld also leer.

> **Tipp:** Es ist ohnehin viel spannender, wenn der von Ihnen angeschriebene Empfänger erst nach dem Öffnen der E-Mail mit dem Betreff »kein Betreff« erfährt, was der Inhalt der Mail ist (ein zwanzig Megabyte großes Programm, das einen mehrstündigen Download erfordert).

Auch in der eigentlichen Mail empfiehlt es sich, alles zu vermeiden, was Zeit raubt. Groß- und Kleinschreibung zum Beispiel. Sparen Sie sich das Drücken der Umstelltaste und auch das Grübeln darüber, wie ein Wort geschrieben wird. Kleinschreibung verleiht Ihnen einen Touch von Bohemien und kosmopolitischem Flair, erst recht, wenn Sie zudem Satzzeichen, Leerzeichen und Anführungszeichen weglassen.

*malehrlichihrempfängeristjaschließlichnichtblödundkannsichlockerselbsteinenreimaufdasgeschriebenemachenoder?*

Seit der Antike gilt das Verwenden von Kurzschriften, die nur für einen begrenzten Kreis von Menschen verständlich sind, als effiziente Art, Zeit zu sparen. Auch heute versteht so gut wie niemand, was zum Beispiel folgende Mail bedeuten soll:

*hi @ sweety, BOK, argh hw \*sucks\*, thx für mail LOL & \*lach\* komme heute 18 \*gggähn\* und dann \*knuddel\* xoxo & gn8t!, Biggi (.)(.)*

Ihr Empfänger erst recht nicht. Macht nichts. Mit dieser modernen Kurzschrift erfassen Sie bis zu 480 Silben pro Minute. Und wenn Sie, wie einige gewiefte Zeitsparer das tun, auch noch einsilbige Wörter abkürzen, sparen Sie sogar noch mehr Zeit.

Dass Sie selbst Ihre Nachricht in Windeseile in die Tastatur gehackt haben, heißt natürlich nicht, dass Ihr Empfänger sie in Windeseile lesen soll. Im Gegenteil, er soll sich möglichst viel Zeit für sie nehmen. So viel Zeit, dass er sie niemals vergisst. Um Ihrer Nachricht Größe und Gewicht zu verleihen, gibt es einige Möglichkeiten.

Wenn Sie Ihre Nachricht im HTML-Format senden, können Sie nicht nur hübsche Schriften, Grafiken, Urlaubsbilder, Familienvideos und Songs in Ihre Mail einarbeiten, sondern damit gleichzeitig die ursprüngliche Dateigröße vermillionenfachen!

 **Keine Sorge:** Selbst Empfänger, die Ihre Nachricht mit dem Handy von unterwegs abrufen, werden die zweistündige Öffnungszeit verzeihen, wenn sie erst mal das hübsche Hintergrundfoto von der Geburtstagsfeier Ihrer Katze oder den Weiten des Universums entdecken!

Zusätzliches Gewicht verleihen Sie Ihrer Mail durch eine liebevoll gestaltete Signatur, die nicht nur Ihre Mailadresse, postalische Adresse, Mobil- und Festnetznummer enthält, sondern auch ein farbiges Firmenlogo, eine eingescannte echte Unterschrift und ein Lebensmotto. Ebenso beliebt ist die Versendung von PowerPoint-Slideshows mit Dalai-Lama-Weisheiten, Tierfotos oder Bill-Gates-Zitaten. Oder, falls Sie unter sechzig sind, das Verschicken viraler YouTube-Filmchen oder der frisch heruntergeladenen, zwei Megabyte großen Software-Aktualisierung (Betreff: *freu*), die den Rechner Ihres Empfängers für Stunden außer Schach legen wird.

**Achtung:** Da Ihre Nachricht, übertragen auf babylonische Verhältnisse, nun mindestens so viel wiegt wie eine ganze Tontafelfabrik, braucht es nicht nur Ewigkeiten, bis sie vom Empfänger geöffnet wird, sondern auch genauso lange, um von Ihnen abgeschickt zu werden. Im schlimmsten Fall werden Sie von einem gewissen Postmaster darüber informiert, dass Ihre Mail das zulässige Gewicht überschritten hat und deshalb nicht ausgeliefert werden kann. Dann können Sie noch mal von vorne anfangen.

Falls Sie technisch weniger versiert sind, können Sie Ihre Mail auch aufpeppen, indem Sie sie mit Smileys spicken. Lachen steckt an. Nicht umsonst vertraut man bei amerikanischen Sitcoms von jeher auf die sogenannte Lachkonserve, die Einblendung von Gelächter, die bewirkt, dass selbst die zäheste Handlung als zum Schreien komisch empfunden wird. Kurz: Wenn Sie Smileys verwenden, wird Ihr Empfänger sich vor Lachen kugeln und Ihre Mail (Mahnung/Zahnarzttermin/Steuererklärungsanhang) niemals vergessen. Außerdem nehmen Sie unangenehmen Mails so die Schärfe.

*Frau Schmidtberger, Sie brauchen ab morgen (:O nicht mehr ins Büro zu kommen :)))*
*Susanne ich habe 'ne andere \*lol\*. Es ist aber nicht so, wie du denkst ;)*
*Seit 4.45 Uhr :))) wird zurückgeschossen \*fg\**

Niemand mag schlechte Nachrichten. In der Antike wurden die Überbringer schlechter Nachrichten bisweilen geköpft. In Indien fürchtet man Negativaussagen noch heute so sehr, dass man Sie lieber tausend Kilometer in die Pampa schickt, statt Ihnen zu sagen, dass der Taj Mahal leider genau in der entgegengesetzten Richtung liegt. In Japan hat man vorsichtshalber erst gar kein Wort für »nein«. Stattdessen macht man einfach eine kleine, zögerliche Pause, bevor man »ja« sagt. Mails jedoch sind für ärgerliche Nachrichten wie geschaffen. Wer soll schon Ihren Server, also den Überbringer Ihrer Nachricht, abmurksen? Eben. Zwar kursierte lange Zeit das Video eines genervten Büroangestellten, der seinen Computer mit Tritten und Fausthieben in Einzelteile zerlegte. Aber: Es war SEIN Computer. Nicht der des Absenders.

Halten Sie also mit Ihrem Ärger, Ihren Vorwürfen und Anfeindungen nicht hinterm Berg. Schimpfen Sie frei drauflos und verwenden Sie viele (!!) Ausrufezeichen (!!!), um die Wichtigkeit und Dringlichkeit Ihrer

Mail zu unterstreichen!!!!!! Und Anführungszeichen, um die sarkastische Konnotation voll zur Geltung zu bringen. Wenn Sie dann noch die Großschreibtaste aktivieren und alles in 19 Punkt setzen, wird garantiert niemand sie übersehen.

*WER HAT SCHON WIEDER SEINE DRECKIGE (!!!) TASSE AUF DEM KONFERENZTISCH (!!!) STEHEN LASSEN????*
*EINIGE »ELTERN« MÜSSEN IMMER NOCH (!!!) 30 CENT FÜR DIE MARTINSLATERNEN ÜBERWEISEN!!!!*

Und leiten Sie die Mail cc nicht nur an alle im Büro weiter, sondern an alle Personen, die in Ihrem Adressbuch stehen. Die können ruhig mal mitkriegen, womit Sie sich den ganzen Tag so rumschlagen müssen! Am besten versenden Sie die Mail mit der höchsten Priorität. So steht sie beim Empfänger ganz oben in der vollen Mailbox und wird zwischen dem ganzen anderen unbedeutenden Kram beachtet.

*! Diese Mail hat höchste Priorität!*
*Sender: mama@netz.xmp*
*Received: from GGG65KPSD (GGG65C.kronos.beispiel.xmp*
*> [9765444.789.00]) by xz-il-1.beispiel.xmp (1.2.4/3.5.6/8.7)*
*> with ESMTP id GI135; Tue, 06 Oct 09:45:43 -0500 (EST)*
*> X-Sender: mama@netz.xmp*

> *Message-Id: <9765444.789.00@cong.xmp>*
> *Mime-Version: 1.0*
> *Content-Type: text/plain; charset=»iso 859-1«*
> *Content-Transfer-Encoding: quoted-printable*
> *To: sexy@hexy.com, raffay@vauweh.de., inge.puri@uebersetzungen.de*
> *store.hamburch@levis.de, 53637381017@compusörve.com, loveyou@heart.de*
> *finanztest@hh.com, Bine@wolladen.net, schnittundmehr@z-strähne.ch*
> *adeline@schmidt.com, linnebaum@bulle.de*
> *Nolle@Blümchen.net, lingching@takeaway.de, fussnagelpflege@babsi.de*
> *675.3893.378@compusörve.com, mickey.schmaus@happa.de,*
> *onkel-kristopher@eng.de, emi.auntie@lon.de,*
> *151628.218217218@compusörve.com, tobias.stutzhäcker@banana.de,*
> *holger.bultmahn@xxx.com, biggi@latexbunker.at,*
> *hanni@nanni-online.de, service@rtl7.tv,*
> *kaifu@damenschwimmen.com, Jölle.Timor@crepehandel.de,*
> *beavis@butthead.de, endo@klinik.com, dr.mang@beauty.de,*
> *don.draper@madmen.us, niko@ronacker.kom, bettina@Alf.kom*
> *jonas.ollhaber@wollenhat.net, thomas.Lomoki@hbo.org,*
> *carsten@puck.xmp, christof@lanz.doc-com, anke.rolberg@style.de*

> DSDS.@rtl.de, bruno@kuss.de, helmut@kirchner.de
> königin@england.uk, kater@karlo.org, andreas.Lauer@loretta.de
> borat@kasachstan.org, gemuese@uezguez.de,
> florales@blumenzauber.com, vater@sohn.ch, angela.braakow@artdesign.de
> yippieh.yeah@uffz.de, dionnyssos@eimsbuettel.de,
> angela@brad.fr, heidi@klum.net, 666@morgenlatte.net,
> du@honk.no, simone@fuchsfabel.de, mariane@wunder.com,
> i@myselfandi.nom, mailer@infodatadrive.ru,
> ingwer@knolle.at, max.mustermann@heinzel.männchen.com,
> un@bekannt.dk, mireille@matthieu.fr, neonstar@disco.lb
> From: »Brigitte Schmidt« < mama@netz.xmp>
> Subject: Fw: Re: Fw: Fw: AW: [Fw]: Read This!!!
> Date: Mon, 05 Oct 2009 15:26:05 -0700
> Der Yogaraum (!!) der TOBEKATZE e.V. (Kindergarten in der Tornquiststraße 1 in Hamburg Eimsbüttel) soll geschlossen werden!!! Alle »Kinderfreunde« UNBEDINGT(!) diese Mail weiterleiten!!!!

Vermeiden Sie übrigens die bc-Weiterleitungsfunktion, bei der die Empfänger unsichtbar bleiben. Wie soll man da sehen, wie beliebt Sie sind und wie viele Leute Sie im Internet kennen?

**Tipp:** Reservieren Sie sich außerdem mehrere E-Mail-Adressen und geben Sie bei jeder E-Mail, die Sie versenden, einen anderen Absender an. Das zeigt ein weiteres Mal, wie wichtig Sie sind, und außerdem füllt es die leeren Adressbücher der Empfänger.

Apropos Weiterleiten: Wer hätte noch nie eine Mail mit der Betreffzeile »Fw: Re: Fw: Fw: AW: [Fw]: Read This!!!« erhalten? Natürlich können Sie nicht jede Kettenmail, die Sie bekommen, lesen. Enthält sie den Glücksbringer eines nordrhein-westfälischen Schamanen? Sucht jemand einen Knochenmarkspender mit der gleichen Blutgruppe? Geht's um eine Unterschriftenpetition gegen Tierquälerei/Erderwärmung/die neue Kita-Reform? Um ein authentisches Video über die Misshandlung tibetischer Mönche? Egal. Sie wollen weder Stunden damit verbringen, den seitenlangen, in Englisch verfassten Anhang zu studieren, noch zwanzig Jahre Pech haben, noch als freundloser oder unpolitischer Tölpel dastehen. Drücken Sie also einfach auf den »Weiterleiten«-Knopf und kopieren Sie Ihr komplettes Adressbuch in die Empfängerzeile.

Beliebt ist auch die unfreiwillige Weiterleitung von Mails durch Drücken der »Allen antworten«-Taste. Wer an seine Schulzeit zurückdenkt, erinnert sich vielleicht noch an den Schrecken, wenn ein zusammengefaltetes Zettelchen, auf dem zum Beispiel stand: »Toto, willst du mit mir gehen?«, auf dem Weg durch die Schulbänke in die Hände der Lehrerin geriet und von ihr laut vorgetragen wurde. Ähnliches widerfuhr jüngst einer Londoner

Managerin, die auf eine Mail ihres Freundes hin schrieb, ob er den letzten Telefonsex auch so genossen habe. Sie fügte hinzu, dass sie noch ein paar »schleimerische Dankes-Mails« an Kunden verfassen müsse. Statt auf »Antworten« zu klicken, klickte sie aus Versehen auf »Allen antworten«. Da die Mail ihres Freundes an dreißig Freunde adressiert war, erhielten diese nicht nur ihre Mail, sondern schickten sie gleich brühwarm weiter. Zu guter Letzt wurde der gesamte Wortlaut in der *Daily Mail* und im *Daily Mirror* abgedruckt, so dass die Mail zum Tagesthema Nummer eins in England wurde.

 **Tipp:** Falls Sie also berühmt werden wollen (oder vors Gericht kommen möchten), ist die »Allen antworten«-Taste mitunter der schnellste Weg.

# FACEBOOK & CO.

*Social Networking* ist das A und O moderner Kommunikation. Eine faszinierende Welt, in der einfach alles möglich ist, wenn Sie nur ein paar Regeln beachten.

## WELCHES PROFILFOTO NEHMEN?

Das Profilfoto vermittelt den ersten entscheidenden Eindruck. Machen Sie mit Ihrer Webcam also mindestens 739 Fotos und suchen Sie das heraus, auf dem Sie am wenigsten wie Sie selbst aussehen. Oder nehmen Sie ein Foto aus der Zeit, als Sie noch 30 Kilo leichter waren. Oder ein Schwarz-Weiß-Bild, das so unscharf ist wie die Daguerreotypien aus dem 19. Jahrhundert. Hauptsache, Sie zeigen sich im allerbesten Licht. Das kann, abhängig von Ihrem Äußeren, auch bedeuten, dass Sie auf ein Foto verzichten. (Ein kluger Schachzug, übrigens auch falls Sie polizeilich gesucht werden.)

Sind Sie unter 18 und weiblich, dürfen Sie sich in Unterwäsche präsentieren und dabei Ihre Zunge ins Ohr einer Freundin stecken.

 **Tipp:** Unterschätzen Sie nicht die Wichtigkeit eines guten Profilfotos. Zumal Sie es, ehe Sie sich's versehen, auf der Plakatwerbung eines chinesischen Unterwäscheherstellers wiederfinden werden.

# MEINE FREUNDE

Nachdem Sie ein paar Daten ausgefüllt haben, die für die Werbeindustrie wichtig sind, können Sie nun beginnen, Freunde zu finden. Laut Soziologen hat der durchschnittliche Facebooker 120 Freunde. Alles, was weniger als dreistellig ist, macht Sie also zum Eremiten. Seien Sie demnach nicht zu wählerisch. *Befrienden* Sie den Typen, den Sie vor zwei Jahren fünf Minuten auf einer Party gesprochen haben, Ihren Hausverwalter, Ihren Autowerkstatt-Kundenberater und den Mann von der Abfallbeseitigung. Wenn Sie sich nicht ganz sicher sind, ob Sie круче барахли *adden* sollen, gucken Sie bei Ihren anderen Friends nach. Taucht er irgendwo auf, können Sie ihn unbesehen in Ihren Freundeskreis aufnehmen. Ein guter Indikator, ob man zusammenpasst, sind auch die angegebenen Interessen: Grillen/Spaß haben/Atmen? Ab die Post!

 **Höflichkeitsfalle:** Wenn Sie jemanden nur aus Nettigkeit aufnehmen, wird er am nächsten Tag garantiert Bondage-Fotos oder Mario-Barth-Videos auf Ihrer Pinnwand posten. Im schlimmsten Fall sind Sie dann gerade ahnungslos im Urlaub, so dass Sie diese Einträge nicht entfernen können und Ihre Freunde zwei Wochen Zeit haben, sich zu fragen, was für Honks Sie eigentlich so kennen.

Ihre Freundesquote können Sie übrigens auf beeindruckende Weise boosten, indem Sie Fake-Celebritys *adden*. Willkommen an Bord, al-Gaddafi, Kim Jong-il und Robert Mugabe. Die können auch schon tot sein. Weiß ja niemand. Hereinspaziert, Il Adolf Hitler, Idi Amin! Im Notfall können Sie Ihre Liste auch mit Ihrer eigenen Mutter oder Ihren Kindern aufpeppen. Ist doch für die auch interessant, was Sie so treiben!

**Susanne Schmidt** hat ihr Alter von 39 auf 24 geändert.
**Fred Stein** Interessen: Bier, Pornos, Schlammcatchen.
**Birgit Klotz** ist der Gruppe »Wenn ich betrunken bin, küsse ich fremde Menschen« beigetreten.

Keine Sorge: Zu viele Freunde können Sie gar nicht haben. Bei Facebook können Sie Ihre Freundschaften nämlich herrlich nebenbei pflegen, während Sie in einer alten Unterhose am Schreibtisch sitzen. Bewerfen Sie Ihre Freunde mit Schafen oder Schneebällen. Stupsen Sie sie an. Immer und immer wieder. Schicken Sie ihnen ein Pixel von einer Blume. Laden Sie sie zum *Welches vergammelte Fleisch bist du?*-Quiz ein. Zack, zack. Das Schönste: Sie bekommen ganz, ganz viel zurück: zum Beispiel Einladungen zu Marketingevents oder dazu, Fan der Website *Metzgerei-Jakob.de* zu werden. Oder 67 ganz, ganz liebe Geburtstagsglückwünsche von Leuten, deren Nachnamen Sie nicht mal kennen.

 **Tipp:** Falls Sie den Überblick verlieren, erstellen Sie eine »Top-Friends«-Liste. Wenn Sie die ins Profil stellen, haben Sie gleich allen anderen B-Friends gezeigt, wo der Hammer hängt.

## DIE PINNWAND

Erst jüngst postete ein amerikanischer Bankbetrüger, der sich auf der Flucht vor der Justiz nach Mexiko abgesetzt hatte: »Es ist wie das Leben im Paradies. Ich liebe es«, an seine Friends – unter ihnen war blöderweise ein ehemaliger Mitarbeiter der Justizbehörde, der ihn umgehend an der Beachbar abholen und einbuchten ließ.

Ob Fußballergebnisse, Kino-News oder der Ausbruch eines nuklearen Kriegs: Die Pinnwand ist der ideale Ort, um Neuigkeiten mitzuteilen. Wo könnte Ihr Chef, bei dem Sie sich gerade krankgemeldet haben, sonst erfahren: »Geile Nacht, bin noch immer breit!«, Ihre Schwester lesen: »Oma ist tot!«, oder könnten alle in Ihrer Stadt zur Kenntnis nehmen: »Ich bin dann mal drei Wochen weg!«.

**Ede Langfinger** und 536 367 anderen Einbrechern gefällt das

Die Pinnwand ist aber auch der Ort, an dem es in Sachen Imagepflege um die Wurst geht. Geizen Sie hier nicht mit Pfründen:

**Luise Schmidt** Gold bei der Oscarverleihung. How cool is that? 23. Februar um 16.23 Uhr
**Marcella Spring** Chicago, Sydney. Puh. Die Fliegerei nervt. 12. April um 10.35 Uhr
**Bernhard Gorum** Super Gefühl, wenn man als Redner beim St. Gallen Symposium von der Schweizer Luftwaffe im Formationsflug verabschiedet wird! 19. Mai um 11.54 Uhr

Sind Sie weder Überflieger noch Vielflieger, noch Pokalsieger, können Sie immer noch mit Humor punkten. Falls Sie kein professioneller Gagschreiber sind, sollten Sie dazu am besten schon in den frühen Morgenstunden an einem geistreichen Pinnwand-Eintrag für den anstehenden Tag feilen.

**Adeline Erbs** Kacken im Wind. Mit Bushido! 13. April um 7.23 Uhr

Oder aber etwas vollkommen Unergründliches und Geheimnisvolles posten

**Cosima Löh** wusste es!!! 13. April um 7.23 Uhr

und sich dann den Rest des Tages tot stellen. Falls Sie prominent sind oder auf Ihrem Profilbild wenig anhaben, brauchen Sie sich verbal nicht so sehr ins Zeug legen.

**Megan Fox** Hi there. 14. April um 12.03 Uhr
**Klaus Schmidt** und 6 434 567 884 anderen gefällt das.

# RICHTIG POSTEN UND KOMMENTIEREN

Wie im nichtvirtuellen Gespräch gibt es auch beim Facebook-Dialog eine einzuhaltende Reihenfolge. In der Regel stellt der Ranghöchste, auch *Opinion Leader* genannt, eine beeindruckende Statusmeldung, einen interessanten Link, ein Pic oder ein Video auf die Pinnwand. Mit undechiffrierbarem Insider-Kommentar versehen.

**Rex Adler** Daily visual inspiration: http: www.easy artyfart by jaehyo lehox (via @dudecrass)

Der *Early Adapter* (der, der zu faul ist, etwas Eigenes zu schreiben) kopiert die Post unauffällig und in Windeseile auf seine eigene Pinnwand.

**Ulf Spatz** Look what I just found – Check it out!

Sie als *Late Adapter* (das schwächste, aber schlauste Glied in der Kette) kommentieren das Ganze anschließend wohlwollend:

**Atze Wurm** Hey. Cooles Zeug.

Damit fluten Sie die Mailboxen Ihrer Friends mit Benachrichtigungen – ohne eine einzige Hirnzelle betätigt zu haben, Sie Superchecker! Das geht übrigens auch prima, wenn Sie Gruppen mit witzigen Namen beitreten. Oder Apps wie FarmVille und Aquarium laden.

# FOTOGALERIE

Immer wieder hört man Schauergeschichten wie zum Beispiel die eines kanadischen Politikers, der zurücktreten musste, nachdem verschiedene Fotos auf Facebook zeigten, wie er a) einer Frau an die Brust griff, b) zwei andere Menschen an seiner Unterhose zerrten. Lassen Sie sich davon nicht kirre machen. Ihre Arbeitskollegen werden sich über jedes Foto freuen, auf dem

Sie nackt in einer Badewanne voller Wackelpudding sitzen oder als Raupe Nimmersatt verkleidet Polonaise tanzen oder mit 150 km/h durch eine Radarkontrolle brettern.

Falls Ihnen das zu heikel ist, können Sie auch Ihre Freunde ins Blickfeld rücken! Posten Sie das Urlaubsbild, auf dem Ihre beste Freundin aussieht wie eine überfahrene Languste. Oder das lustige Foto, auf dem Ihr Kumpel in die Telefonzelle pinkelt. Halten Sie besondere Highlights fotografisch fest und *taggen*, sprich: *markieren* Sie Ihre Freunde, damit sie für alle sichtbar sind.

**Joachim Welt** wurde in der Fotoserie »Gestern Abend mit Kumpels« getaggt, in der er betrunken Limbo tanzt, ein Straßenschild umarmt und anschließend versucht, mit seinem Mantel Geschlechtsverkehr zu haben. 10. April um 01.43 Uhr

*Taggen* kann bisweilen zu lustigen Missverständnissen führen, die Ihre Freunde jedoch leicht aus dem Weg räumen können.

**Sven Schmidt** versucht gerade hektisch, sich aus den Partyfotos mit anderen Frauen zu detaggen, bevor seine Freundin Sandra Beck was spitzkriegt. 11. April um 10.23 Uhr

Falls Sie zackig genug vorgehen.

**Sandra Beck** hat ihren Status gerade von »Bin in einer Beziehung« zu »Bin Single« geändert. 11. April um 10.25 Uhr

Wer noch nie einen Blick ins Nachbarfenster geworfen, ins Medizinschränkchen seiner Bekannten gelinst oder beim Haushüten die Unterwäscheschublade inspiziert hätte, der werfe das erste Fernglas! Fest steht: Neugier ist eine der wichtigsten Triebfedern des menschlichen Fortschritts. Scheuen Sie sich also nicht, auf Facebook in fremden Urlaubsbildern zu wühlen: Wie sehen die Kinder/Eltern/Haustiere Ihres Kollegen aus? Und mit wem treibt sich Ihr Ex so rum? Hat seine neue Freundin Cellulitis? Mal eben gucken ist ja wohl nicht verboten. Und wer ist dieser halbnackte Trottel auf der Freundesliste Ihrer aktuellen Lebensabschnitts-Partnerin? Doch nie und nimmer ein Kollege! Mit Hilfe von Google, 123people.de, Pipl.com & Co gehen Sie der Sache auf den Grund. Weiß Ihre Partnerin ja nicht. *Noch* nicht. Spätestens, wenn sie nach Hause kommt, dürfen Sie ihr mit brühwarmen Ergebnissen Ihrer Recherche natürlich die Hölle heißmachen.

 **Tipp:** Unter Konto/Privatsphäre/Informationen bearbeiten/ Sichtbarkeit/nur Freunde können Sie einfach alle Freunde des anderen Geschlechts unsichtbar machen. Damit sparen Sie sich nicht nur lästige Diskussionen, sondern auch vertrackte Erklärungen, wieso Ihr »Cousin« sich eigentlich »Latte 666« nennt.

Eine ebenfalls beliebte, spontane Form des Stalkings ist das *Sofort-Aufpoppen*. Dazu müssen Sie nur immer in genau der Sekunde, in der ein Friend sich einloggt, wie ein aufgeregtes Springteufelchen im Chatfenster auftauchen:

Na, biste auch noch wach? ;-) Lol *ggg* …

Am besten, Sie behalten einfach ständig alle Aktivitäten, die rund um Ihr Profil stattfinden, im Auge. Sicher ist sicher.

**Jens Meier** hat *Wie ich sehen kann, wer mein Profil wann, wie lange und wie oft angeschaut hat, welche Profile derjenige davor, danach und zur gleichen Zeit angeschaut hat, ob derjenige mein Profil anderen gezeigt hat und dabei gelacht hat, ob er die drei Messages gelesen hat, die ich geschickt habe, und wenn nicht, warum nicht, und ob er mich vielleicht nicht mag, weil ich zu alt, zu fett, zu hässlich oder zu langweilig bin* geladen.

## DARF MAN WÄHREND DER ARBEIT NETWORKEN?

Aber natürlich. Wann denn sonst? Studien zeigen, dass soziale Netzwerke 40 Minuten pro Tag an Zeit fressen. Wollen Sie die vielleicht aus Ihrer wertvollen Freizeit rausschnitzen?

## DIE MITGLIEDSCHAFT BEENDEN

Sie können aus Ihrem Abgang ein Staatsbegräbnis mit vielen Krokodilstränen machen. Aber seien wir ehrlich: Warum und wohin Sie gehen, ist für Ihre Friends so interessant wie ein Sack Reis in China. Schlagen Sie also wenigstens Kapital aus Ihrem Abschied. Als vorbildlich dürfen hier jene US-amerikanischen Facebook-Nutzer gelten, die vor einiger Zeit ihre Freunde gegen Hamburger eintauschten – einem Angebot der Fastfood-Kette Burger King folgend, die jedem Facebook-Nutzer, der bereit war, zehn seiner Kontakte zu opfern, einen *Whopper* versprach.

Naturgemäß werden Sie spätestens dann alle Spuren Ihres Facebook-Daseins vernichten wollen, wenn Sie über dreißig sind und/oder einen seriösen Beruf außerhalb der Medien-, Musik- oder Werbebranche ergreifen. Ha! – Versuchen Sie es mal! Jetzt kommt nämlich die Überraschung. Facebook ist so eingerichtet, dass Sie Ihren Account gar nicht löschen können. Sondern lediglich »deaktivieren«. Das bedeutet, dass Sie mit Ihren ganzen unbedachten Statusmeldungen, Kommentaren, getaggten Besäufnisfotos und Das-gefällt-Mirs für immer und ewig als vollpeinlicher digitaler Zombie im Orbit der Facebook-Datenbank und des World Wide Web herumgeistern. Haben Sie den Film »The Social Network« nicht gesehen? Hätten Sie mal. Dann hätten Sie es rechtzeitig gewusst. Jetzt bleibt Ihnen nur noch, die automatisierte Support-Hotline anzuschreien oder eben doch einen Beruf in der Medien-, Musik- oder Werbebranche zu ergreifen.

## Typische Facebook-Einträge und was sie bedeuten:

| | |
|---|---|
| **Peter Geyer** surft so rum. | **Peter Geyer** sucht in den Freundeslisten seiner Friends nach gutaussehenden Frauen, die er über deren Köpfe hinweg befrienden könnte. |
| **Mathias Schmidt** macht sich Sorgen um die Weltwirtschaft. | **Mathias Schmidt** betet, dass sein Name auf der Liechtensteiner Steuersünder-CD falsch geschrieben ist. |
| **Inge Putz** Stressss!! | **Inge Putz** entfernt gerade die Tags von Fotos, auf denen man ihr Doppelkinn sieht. |
| **Ulf Lützendom** Coole Party. | **Ulf Lützendom** hat sich gerade eine ansteckende Geschlechtskrankheit zugezogen. |
| **Klaus Habelt** gefällt Rolling Stones. | **Klaus Habelt** ordnet gerade seine illegalen MP3s. |
| **Mathias Rutz** ist nicht mehr in einer Beziehung. | **Mathias Rutz** freut sich über jedes gemailte Nacktbild. |
| **Sabine Schmidt** baute gerade Mohrrüben an, als ein von seiner Herde weggelaufenes Lama auf die Farm kam. Es braucht ein neues Zuhause. | **Sabine Schmidt** braucht dringend einen Freund. |

# Im 12 Straßen verkehr

Fast jede zehnte Körperverletzung geht auf Querelen im Straßenverkehr zurück, und nicht umsonst gibt es vom Lichthupen bis zum ausgefahrenen Mittelfinger etliche international anerkannte Verständigungszeichen für »Sie sind ein Arschloch« und kein einziges für »Hallo, schönes Wetter!«, »Fahren Sie ruhig vor!« oder »Hübscher Wagen, den Sie da haben!«.

Die Hierarchie im Straßenverkehr ist ganz simpel. Gehen wir sie von oben nach unten durch.

## BUSSE

Als König der Straße haben Sie drei Fahrspuren für sich – die rechte, die linke und eine, die mit der Aufschrift *Bus* gekennzeichnet ist. Zwischen diesen Spuren dürfen Sie jederzeit ohne vorherige Ankündigung hin- und herwechseln und dabei andere Fahrzeuge von der Fahrbahn drängen.

Zwar ist *Bus* die Abkürzung für das lateinische *Omnibus*, auf Deutsch: *Für alle*. Dennoch obliegt es traditionell dem Busfahrer, nach eigenem Ermessen auszuwählen, welche Passagiere er regulär befördert, welche er in der Falttür einklemmt und welche er im Regen stehen lässt, wenn diese kein passendes Kleingeld oder keine passende Nase haben. Busfahrer dürfen außerdem nach Belieben ruckartig anhalten, losfahren und im steilen Winkel ausscheren, so dass stehende Fahrgäste Gelegenheit bekommen, spontan miteinander in direkten Körperkontakt zu treten.

**Tipp:** Von Fahrgästen wird erwartet, dass sie ihre Sitzplätze freiwillig an ältere Herrschaften, Behinderte und randalierende Jugendliche in Lederjacken abtreten.

## TAXIFAHRER

1893 gründete der Erfinder und Konstrukteur Friedrich Lutzmann das erste Taxiunternehmen Deutschlands mit motorisierten Fahrzeugen – den »Motorwagen-Fahr-Verkehr«, der die 15 Kilometer lange Strecke zwischen Dessau und Wörlitz in einer Stunde absolvierte.

Das entspricht in etwa der Geschwindigkeit heutiger Taxen, die verspätete Geschäftsleute zum gleich startenden Businessflieger bringen sollen. Lichtgeschwindigkeit schaffen dagegen vorbeifahrende Taxis. Vereinzelt soll es zwar vom Straßenrand aus winkenden Menschen gelungen sein, Taxis mit Fahrbereitschaft signalisierendem Leuchtschild zum Halten zu bringen. Es empfiehlt sich jedoch, Fahrzeuge bei einer örtlichen Taxizentrale zu bestellen, will man sicher sein, dass der bestellte Taxifahrer pünktlich 15 Minuten nach der vereinbarten Zeit eintrifft und Sie in einem nach legerer Körperpflege, kaltem Zigarettenrauch und Zwiebelmettbrötchen riechenden 20 Jahre alten Mercedes auf kürzestem Weg zu Ihrem Ziel bringt.

*»Wo soll das denn sein?«*
*»Ach, das Brandenburger Tor in BERLIN! Sagen Sie das doch!«*
*»Nummer 17 gibt es hier nicht.«*

Ist die gewünschte Fahrstrecke zu kurz, reagieren manche Taxifahrer mit eher verhaltener Freude. Auf der Fahrt vom Hamburger Flughafen über die ungarische Grenze bis Hamburg-Eimsbüttel haben Sie in der Regel ausreichend Gelegenheit, die Wogen mit freundlicher Konversation zu glätten.

*»Lustig. Kommt mir heute viel länger vor, die Strecke.«*
*»Puuh, bei dem Wetter ist Taxifahren auch kein Vergnügen, oder?«*
*»Wann sind Sie denn heute Morgen aufgestanden?«*
*»Sind Sie schon immer Taxi gefahren?«*

Die Gefahr besteht natürlich, dass Sie einen geschwätzigen Fahrer erwischt haben, der Ihnen jetzt seinen Werdegang als Taxifahrer in Echtzeit wiedergibt.

 **Tipp:** Falls Sie kein Gespräch mit dem Fahrer wünschen, täuschen Sie eine Migräne-Attacke vor oder tun Sie so, als seien Sie eingeschlafen oder gestorben.

Als heikel kann es sich erweisen, wenn man das passende Fahrgeld nicht parat hat.

*»Ein Zwanziger? Wie soll ich DEN denn wechseln?«*

Im Allgemeinen bewegen sich emotionale Ausbrüche von Taxifahrern im Rahmen der Genfer Konventionen. Angesichts des kurzen Lehrgangs, der zum Fahren eines

Taxis befähigt, ist es dennoch grundsätzlich empfehlenswert, wenn man vor dem Einsteigen sein Testament gemacht hat.

## AUTOFAHRER

Es gibt drei Arten von Autofahrern: erstens: Rentner, denen der Führerschein schon vor Jahren entzogen gehörte. Zweitens: rücksichtslose Neandertaler. Drittens: Sie. Ein versierter, umsichtiger Fahrer, der sein Fahrzeug so aus dem Effeff beherrscht, dass Sie beim Fahren mühelos mobiltelefonieren, Notizen machen, Radiosender suchen, trinken, sich mit dem Beifahrer unterhalten, das Navigationsgerät einstellen, die Jacke ausziehen, Saxophon spielen und einen Brief tippen können.

Generell gibt es ein paar altmodische Lappalien, die hervorragende Autofahrer getrost vergessen können. Blinken zum Beispiel. Blinken Formel-1-Fahrer vielleicht? Wenn der nachfolgende Verkehr auch nur ein *bisschen* Augen im Kopf hat, sieht er auch so, dass Sie auf die linke Autobahnspur einbiegen. Wollen Sie Ihr Vorhaben optisch unterstreichen, ist es voll und ganz ausreichend, den Blinkhebel in dem Moment anzutippen, wenn Sie ohnehin gerade das Lenkrad in die gewünschte Richtung einschlagen.

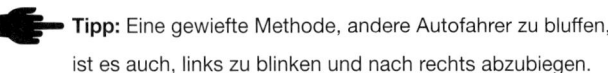 **Tipp:** Eine gewiefte Methode, andere Autofahrer zu bluffen, ist es auch, links zu blinken und nach rechts abzubiegen.

Wendige Autofahrer dürfen zudem urplötzlich und ohne Vorwarnung im fließenden Verkehr stehen bleiben, um dann mit einem gewagten U-Turn auf eine Diagonalstraße einzubiegen oder in einen Parkplatz auf der anderen Straßenseite zu schießen. Raffinesse erfordert es auch, in drei Millimeter Abstand an Radfahrern vorbeizurauschen, ohne sie tatsächlich physisch zu berühren.

## AN AMPELN UND KREUZUNGEN

Unter Farbpsychologen gilt Rot als Farbe der Aggression. Verständlich, dass Autofahrer, die sich mit einer roten Ampel konfrontiert sehen, ihren Gefühlen Ausdruck verleihen, indem sie mit der Motorhaube direkt an die Schienbeine überquerender Fußgänger heranrücken, diese mit finsterem Blick mustern, im Leerlauf dezent Gas geben und – sobald die Ampel auf Gelb schaltet – auf die Kreuzung preschen wie seinerzeit die Hunnen ins Burgunderland.

 **Achtung:** Falls Sie in eine Kolonne hineinschießen, in der alle Fahrzeuge sich exakt an die vorgeschriebene Geschwindigkeit halten, befindet sich unter diesen garantiert ein Polizeiwagen.

Andere Wissenschaftler sprechen der Farbe Rot eine beruhigende Wirkung zu. Das erklärt, warum wiederum andere Autofahrer vor der roten Ampel in eine so tiefe Trance versetzt werden, dass weder das Umschalten der Ampel auf Grün noch die Hupkonzerte der nachfolgenden Autos sie dazu bringen können, vor Wiederumschalten der Ampel auf Gelb loszufahren.

**Tipp:** Die Rote-Ampel-Phase ist eine prima Gelegenheit, den Innenraum anderer Autos sowie den Innenraum der eigenen Nase zu inspizieren!

An ampellosen Straßenkreuzungen gilt generell der Grundsatz: Vorfahrt hat, wer zuerst da ist oder so rasant heranfährt, dass alle anderen Verkehrsteilnehmer in Schockstarre verfallen.

## PARKEN

Parken ist eine Kunst für sich. Aber wenn man es geschickt macht, findet man selbst im dichtesten Stadtverkehr an jeder Ecke einen Parkplatz.

Ein- und Ausfahrten eignen sich zum Beispiel hervorragend zum Abstellen Ihres Fahrzeugs. Einfach einen Zettel mit Mobilnummer hinter die Windschutzscheibe legen, so sind Sie im Notfall ruck, zuck und mit einem entwaffnenden Lächeln wieder da – wenn Sie Ihren Cappuccino, Ihren Haarschnitt oder Ihre Fußreflexzonenmassage beendet haben.

Auch In-zweiter-Reihe-Parken ist kein Tabu, wenn Sie den Warnblinker setzen. Er signalisiert schließlich deutlich: »Dass ich eben mal im Supermarkt nebenan meinen Familien-Großeinkauf erledige, ist ein Notfall!« Als versierter Fahrer wird es Ihnen auch gelingen, so geschickt quer auf Geh- oder Radweg zu parken, dass dieser für sehr schmale Personen, die sich seitwärts fortbewegen, jederzeit passierbar ist.

 **Tipp:** Haben Sie einen großzügigen Parkplatz ergattert, parken Sie immer genau mittig, damit vor und hinter Ihrem Fahrzeug jeweils ein Mofa Platz hat, aber keinesfalls ein anderes Auto.

## VERKEHRSERZIEHUNG

Es ist geradezu die Pflicht jedes vorbildlichen Fahrzeugführers, schlechtere Fahrer auf ihre Versäumnisse hinzuweisen. Natürlich nicht durch wildes Anhupen, Aufblenden und Herumfuchteln. (Es sei denn, Sie sind in einer anderen Stadt und vollkommen sicher, niemandem zu begegnen, der Sie kennt.) Ein fassungsloses Kopfschütteln ist optimal geeignet, um erzieherisch auf andere Verkehrsteilnehmer einzuwirken. Zum Beispiel, wenn ein Auto sich im Reißverschlusssystem vor Ihnen einordnen möchte.

Ist er gar schon dabei, das Manöver einzuleiten, bleibt Ihnen nur, mit stocksteifer Körperhaltung und teilnahmslosem Blick ruckartig nach vorne zu fahren und die nächsten 300 Meter im Stoßstangenabstand von 2,4 Millimetern zum Vordermann zu bleiben.

 **Höflichkeitsfalle:** In dem Augenblick, in dem Sie den Fuß vom Gas nehmen und den Fahrer freundlich in die Kolonne einwinken, werden Sie feststellen, dass er nur die Vorhut eines Autokorsos ist, der sich jetzt in voller Länge geschlossen vor Ihnen einfädelt.

Wenn jemand auf der Autobahn vor Ihnen herfährt und bei Ihrem Herannahen nicht gleich nach rechts ausweicht, dürfen Sie auch eine deutlichere Sprache sprechen.

 **Tipp:** Rammen Sie den Sonntagsfahrer einfach mit der vorderen Stoßstange, um Ihrem Vorhaben Nachdruck zu geben. Achten Sie aber auf seine Anhängerkupplung!

Parkt jemand umständlich vor Ihnen ein, reicht es, sich sichtbar in den Fahrersitz zu werfen, zu schnaufen und die Augäpfel so weit nach hinten zu rollen, dass Sie Ihr eigenes Gehirn sehen können. Falls Sie in Begleitung sind, können Sie das Geschehen auch kommentieren.

*Fahrer, beim Betrachten eines Parkmanövers: »Mann, Mann, Mann, ich sag nur: Frau am Steuer.«*
*Beifahrerin, den Parkenden musternd: »Die Frau hat einen Vollbart.«*
*Mann, trotzig: »Der Vollbart fährt aber trotzdem wie eine Frau.«*

Schneidiges Auffahren, Überholen und Wegabschneiden ist eine bewährte Methode, um in Zeitlupe herumgurkenden Fahrschülern anschaulich klarzumachen, wie weit sie noch von dem anvisierten Führerschein entfernt sind. Zur Bekräftigung können Sie den Fahrlehrer mit einem Stirnrunzeln bedenken, das sagt: Ist das hier ein Kinderspielplatz?

Bei besonders schlimmen Verkehrssünden ist es angebracht, aus dem Auto auszusteigen, die Hände in die Luft zu werfen und sich beim fraglichen Verkehrsteilnehmer mimisch und gestisch zu erkundigen, ob er noch bei gesundem Menschenverstand sei. Sind Ihnen gerade beide Mittelfinger gebunden, kann auch Ihr Beifahrer einspringen. Beides empfiehlt sich nicht, wenn es sich bei dem Verkehrssünder um einen körperlich überlegenen Autofahrer handelt oder um die Polizei.

| **Hilfreiche Gesten:** | **Mögliche Folgen:** |
| --- | --- |
| Zunge herausstrecken | Zwischen 150 und 300 Euro Bußgeld |
| Mit der Hand vor dem Gesicht wedeln | Zwischen 350 und 600 Euro Bußgeld |
| Hände vor dem Kopf zusammenschlagen | Zwischen 450 und 600 Euro Bußgeld |
| Vogel zeigen | Zwischen 500 und 750 Euro Bußgeld |
| Stinkefinger herausstrecken | Zwischen 600 und 4 000 Euro Bußgeld |
| Gekreuzter, doppelter Stinkefinger mit Zunge raus | Sehnenriss |
| Ins Lenkrad beißen | Zahnausfall |
| Autotür öffnen und Zunge in die Wange bohren | Faustkampf |

## AN DER TANKSTELLE

Eingeatmete Benzindämpfe können nachweislich zu Schläfrigkeit, Trunkenheitsgefühl und Benommenheit führen. Verständlich, dass Autofahrer an Tanksäulen schlagartig von einer gewissen Langsamkeit ergriffen werden. Lassen Sie sich nicht von anderen Verkehrsteilnehmern in irgendeiner Weise verrückt machen oder hetzen. Stellen Sie in aller Ruhe Ihr Auto ab, prüfen Sie sorgfältig das Benzinangebot (vergleichen Sie die Sorten zur Vorsicht noch mal mit den Angaben auf der Innenseite Ihrer Tankklappe), befüllen Sie den Tank schön langsam mit der Hand am Zapfhahn, damit die Endsumme glatt wird, schließen Sie das Auto ab und gehen Sie noch mal ganz herum, um alle Schlösser zu prüfen, bevor Sie die zehn Meter zum Kassenhäuschen schlendern, alle Zeitschriften und Süßigkeiten studieren, mit EC-Karte bezahlen, mit dem Kassierer plaudern, zurückschlendern, die Fensterscheibe nass wischen und mit dem Abzieher trocknen, den Ölstand messen, den Reifendruck durch leichte Fußtritte prüfen, Unrat vom Autoboden aufklauben und in die winzige Papier-Abfalltonne stopfen, sich ausgiebig recken und strecken, gymnastische Übungen machen und dabei tief durchatmen, sich den Stadtplan noch mal zu Gemüte führen und ein Kaugummipapier aufdröseln, bevor Sie wieder einsteigen und weiterfahren. So viel Zeit muss sein. Und warten noch so viele Fahrzeuge hinter Ihnen.

## MOTORRAD

Als Rock 'n' Roller der Straße haben Sie quasi nichts zu beachten. Schlängeln Sie ruhig links, rechts, im Slalom und mit röhrendem Auspuff am fließenden Verkehr vorbei und halten Sie stets Ihren Organspenderausweis parat.

## FAHRRAD

Der schweizerische Begriff *Velo*, der vom französischen *Vélocipède* abstammt, was so viel bedeutet wie »Schnellfuß«, erklärt, weshalb so viele Fahrradfahrer auf Fußgängerwegen anzutreffen sind. Hier kommt es bisweilen zu unangenehmen Begegnungen mit Langsamfußgängern.

**Hilfreiche Redewendungen:**

| | |
|---|---|
| »Achtung!« | Radfahrer beim geschickten Slalomfahren um eine Kindergartengruppe |
| »Ups!« | Nachdem der Radfahrer eine Seniorengruppe umgenietet hat |
| »Alles klar?« | Radfahrer zur panisch zur Seite hechtenden Rollstuhlfahrerin |

Vice versa sind etwa 19 000 von 20 000 in Deutschland ausgewiesenen Fahrradwegen ganztägig von walkenden Senioren, rollernden Kleinkindern, parkenden Autos und Mülltonnen bevölkert.

**Hilfreiche Redewendungen:**

| | |
|---|---|
| »Achtung!« | Seniorin, die kurz davor ist, einen Radfahrer mit dem Walking-Stock aufzuspießen |
| »Ups!« | Kleinkind, das den Radfahrer in den Weggraben gerollert hat |
| »Alles klar?« | Autofahrer zum im Salto über die offene Beifahrertür geflogenen Fahrradfahrer |
| »Schepper« | Mülltonne |

»Wir müssen die Straße zurückerobern!«, ist die Devise des in Bremen ansässigen Allgemeinen Deutschen Fahrrad-Clubs, ADFC, der sich für die Interessen der Alltags- und Freizeitradler einsetzt. Viele Radfahrer setzen das bereits beherzt in die Tat um. 72 km/h betrug die Höchstgeschwindigkeit eines Fahrradfahrers, die ein polizeiliches Radargerät jüngst auf einer abschüssigen Stadtstraße maß.

Da Radfahrer durch einen Plastikhelm mit bunten Tiermotiven und einem Umweltschutz-Aufkleber bestens gegen die Gefahren des Straßenverkehrs geschützt sind, können sie getrost auf Nickeligkeiten wie Richtunganzeigen oder Lichtanschalten verzichten. Radfahrer dürfen rote Ampeln lediglich als Vorschlag betrachten, und ohne Bedenken nachts zu dritt nebeneinander mit 3,5 Promille in entgegengesetzter Richtung durch eine Einbahnstraße fahren.

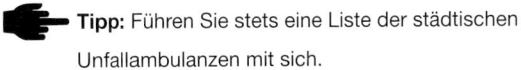 **Tipp:** Führen Sie stets eine Liste der städtischen Unfallambulanzen mit sich.

## FUSSGÄNGER

Fußgänger sind einerseits die schwächsten Glieder der Verkehrskette, die jederzeit umgenietet werden können und in Hundedreck treten. Auf der anderen Seite sind Sie als Fußgänger moralisch grundsätzlich im Recht! Sie können mit den Fäusten herumfuchteln, Standpauken halten und Scheibenwischer umbiegen, wenn ein Auto auch nur *einen* Millimeter in den Gehweg hineinragt oder *einen* Stundenkilometer zu hurtig um die Ecke gebogen kommt, und sämtliche Fahrräder sowie Hunde treten, die Ihnen vor die Füße geraten. Falls Sie eine Mutter mit Kinderwagen sind, haben Sie zusätzlich das Recht, sich mit anderen Müttern mit Kinderwagen in Armadas zusammenzuschließen und den Gehweg in voller Breite entlangzuwalzen. Wer, der bei gesundem Menschenverstand ist, wollte sich mit Ihnen anlegen?

# 13 Zu Gast

Friedrich Dürrenmatts Theaterstück *Der Besuch der alten Dame* endet mit einem Mord. Das ist nicht weiter bemerkenswert. Auch im echten Leben ist es eine hohe Kunst, einen Besuch so zu gestalten, dass es nicht zu gewalttätigen Übergriffen kommt.

## DIE ANKÜNDIGUNG

Rechtzeitige Ansagen mit verbindlichen An- und Abreiseterminen sind das Fundament jedes gelungenen Besuchs. Schließlich wollen Sie nicht zu denen gehören, die erst kurz vor der Gastgebertür mit neunköpfiger Entourage und einem heiteren »Rat mal, wo wir sind?« durchklingeln. Andererseits ist ein Besuch ja kein Staatsakt. Bestens bewährt haben sich Angaben wie »Ich werde wohl so sechs, sieben Tage bei euch abhängen« oder »Wir dachten so an ein langes Wochenende«. Wo das anfängt und aufhört, kann man ja dann immer noch sehen.

Machen Sie Ihren Gastgeber im Vorfeld auf Besonderheiten wie Ihre Hausstaub- oder Katzenhaarallergie aufmerksam. Oder den Umstand, dass Sie jeden Abend »Marienhof« schauen müssen. Oder Migräne bekommen, wenn Sie das Wort *Kinder* nur hören. Dann kann er passende Vorkehrungen treffen. Zum Beispiel Sie informieren, dass er leider genau zur fraglichen Zeit schon seit Ewigkeiten plant, einen Fernreisetrip zu machen.

# DIE ANKUNFT

Ihr Gastgeber kann es kaum erwarten, Sie zu sehen. Umso schöner, wenn Sie ein paar Stunden früher als erwartet aufschlagen. Dingdong. Vielleicht mit unangekündigter Begleitung im Schlepptau. Platz ist in der kleinsten Hütte.

 **Achtung:** Wenn Ihre Definition von »Mein kleiner Schatz« sich nicht mit der Ihres Gastgebers deckt, wird er Augen machen, wenn Sie mit Ihrer ausgewachsenen dänischen Dogge vor der Tür stehen!

Vielleicht können Sie bei den letzten hektischen Vorbereitungen hilfreich im Türrahmen stehen und zuschauen. Bei leichten Verspätungen freut Ihr Gastgeber sich garantiert über zehnminütliche Anrufe aus dem *ICE Goethe,* in denen Sie ihn über die schwache Funkverbindung hinwegschreiend und in Echtzeit über die Abläufe der Gleisbauarbeiten zwischen Bensheim und Darmstadt auf dem Laufenden halten. Bei Verspätungen zwischen ein bis zwei Stunden dürfen Sie auf das *akademische Viertelstündchen* verweisen. Verspäten Sie sich um mehr als zwei Stunden, pulverisiert sich jeder potenzielle Groll des Gastgebers im Nu, wenn Sie bei Ihrer Ankunft einfach schon aus der Ferne mit den Augen rollen, abwinken und: »FRAG NICHT!« stöhnen. Wenn Sie sich mit diskretem *Schwangerenblick* kurz an die Bandscheiben fassen, schleppt der Gastgeber sicher auch Ihre beiden Koffer vom Kofferraum ins Gästezimmer. Protestieren Sie kurz und sagen Sie dann schnell danke schön.

**Höflichkeitsfalle:** Wenn Sie Ihre Schuhe am Eingang ausziehen, werden Sie garantiert in der Küche von einem piekfein bekleideten Ehrenkomitee empfangen werden, das Ihre gemütlichen Hasenpantoffeln mit Befremdung mustert.

## WAS MITBRINGEN?

Der Begriff *Präsent* ist nicht von ungefähr mit dem Begriff *Präsenz,* auf Deutsch: *Anwesenheit,* verwandt. Ihre Anwesenheit dürfen Sie mit einem Gastpräsent ruhig unterstreichen – optisch, akustisch und olfaktorisch. Mit einem 90-mal-120-Harlekin-Wandbild, blinkenden Kindersandalen, die bei jedem Schritt »Schni-schna-schnappi« quaken, oder einem Kilo liebevoll in zehn Schichten Zeitungspapier eingepacktem echtem Harzer Käse ist die Atmosphäre im gastgeberlichen Heim schlagartig viel persönlicher.

## DIE HAUSORDNUNG

Jeder Gastgeber hat so seine Marotten, die Sie erst peu à peu entdecken werden. Zum Beispiel, wenn er Ihre Morgentoilette allmorgendlich mit einem Trommelfeuer an der Tür unterbricht, mit grimmigem Blick Dreckklumpen hinter Ihnen wegfegt oder Unverständliches murmelnd Ihre feuchten Handtücher vom Boden klaubt. Kommen Sie ihm entgegen, zum Beispiel, indem Sie die heruntergefallene Zigarettenasche auf dem Teppich sorgfältig zu einem gigantischen Fleck verreiben.

**Tipp:** Auch in Nichtraucherwohnungen ist Rauchen vollkommen in Ordnung, solange Sie es nur vor der offenen Haustür, am gekippten Fenster, hinter verschlossener Badtür oder ab 1,2 Promille tun.

Vielleicht verwöhnen Sie Ihren Gastgeber auch mit einem Festessen, das zeitaufwendig zerhäckselt, gemixt, gebraten und flambiert werden muss und eine abschließende Hausrenovierung erforderlich macht. Und räumen Sie anschließend Teller und Tassen in die Schränke, so dass Ihr Gastgeber erst Monate später sein verschollen geglaubtes Geschirr wiederfindet. Denken Sie immer daran: Die Geste zählt!

 **Tipp:** Falls Sie nicht kochen können, laden Sie den Gastgeber zum Essen ein. Kommt es zum Abkassieren, können Sie ihm nach kurzem Gerangel immer noch den Vortritt lassen.

## LOB UND ANERKENNUNG

Auch wenn der Gastgeber vor Ihrer Ankunft geputzt, gewaschen, gebohnert, drapiert, umdekoriert, eingekauft, vorgekocht und eingefroren hat: So schön wie zu Hause ist es bei ihm natürlich nicht. Das dürfen Sie ihm ruhig unter die Nase reiben. Subtil natürlich. Fragen Sie interessiert, aus welchem Jahrzehnt das hübsche Klappsofa ist. Erwähnen Sie anerkennend die rustikale, authentische Aussicht auf den Komposthaufen. Loben Sie das gesunde Müsli-Frühstück – wo Sie sonst nur Lachshäppchen und

Kaviar frühstücken. *Gast im Haus, Gott im Haus* sagt ein altes polnisches Sprichwort. Sprich: Ihr Gastgeber wird die göttlichen Winke wohl zu verstehen wissen.

## SCHLAFENS- UND WACHZEITEN

In einem fremden Haus zu übernachten kann eine Herausforderung sein. Oft halten einen schon die fremden Geräusche vom Schlaf ab. Falls Ohropax keinen Frieden bringt, dürfen Sie selbstverständlich die Batterien aus dem tickenden Wecker entfernen, die gluckernde Heizung entlüften oder die Dichtung des tropfenden Wasserhahns erneuern. Auch Patrouillen auf dem knarrenden Dielenboden helfen gegen Schlaflosigkeit. Mit etwas Geschick (flammende Reden über Politik, Religion, Sex) können Sie Ihren Gastgeber abends auch so lange wach halten, bis Sie beide im Stehen einschlafen. Oder Sie gehen erst gar nicht ins Bett, sondern machen einen »drauf«, um erst in den frühen Morgenstunden die Nationalhymne singend, mit Bier- und Zigarettenfahne und in Begleitung einer Kneipenbekanntschaft oder der örtlichen Polizei ins gastgeberliche Heim zu stolpern. Am nächsten Morgen können Sie ja ausschlafen, wenn Ihr Gastgeber zur Arbeit geht. Vielleicht sind Sie aber auch schon um 6.30 Uhr putzmunter und fragen sich, wann es Frühstück gibt. In solchen Fällen bedienen Sie sich ruhig in der Speisekammer des Hauses. Findet Ihr vom Gepolter aufgeweckter Gastgeber Sie in Boxershorts vorm Kühlschrank beim Wegschlürfen der letzten Milch, wird er erfreut sein, dass Sie sich so heimisch fühlen.

**Höflichkeitsfalle:** Wenn Sie nach dem Aufwachen erst drei Stunden warten, bevor Sie auf Katzenpfötchen in den Frühstücksraum tapsen, kommen Sie wahrscheinlich exakt drei Stunden zu spät und werden gerade noch Zeuge, wie Ihr Gastgeber die letzten Croissant-Krümel von der Tischplatte wischt.

## DAS PROGRAMM

Jeder Gastgeber wird es als große Ehre ansehen, wenn er mit Ihnen den berühmten Hamburger Fischmarkt, den Kölner Dom oder das Münchner Hofbräuhaus zum fünfzigsten Mal ansehen darf. Falls er aber berufstätig ist, wird es ihn entlasten, wenn Sie die Umgebung auf eigene Faust entdecken. Bitten Sie ihn ruhig zu diesem Zweck, einen Touristen-Guide mit den wichtigsten Sehenswürdigkeiten, Google Maps, detaillierten Wegplänen und S-Bahn-Abfahrtszeiten für Sie anzufertigen, Routen zu berechnen, Zeitpläne zu entwickeln, Hinbring- und Abholdienste bereitzustellen, Museumszeiten herauszufinden, Mittagstische zu reservieren und zu eruieren, wo dieser kleine Szeneladen ist, der irgendwie mit P anfängt und in einer Seitenstraße liegt. Weniger autarke Gäste werden es bevorzugen, sich vom Gastgeber Programmvorschläge unterbreiten zu lassen und diese dann alle mit gleichmütigem »Weiß nicht, sag du« zu kommentieren, ob es um ein Vierfach-Looping im Helikopter geht oder die Besichtigung der städtischen Kanalisation.

## PRIVATSPHÄRE

Wenn man längere Zeit auf engem Raum zusammenlebt, bleibt es nicht aus, dass man Einblicke in Persönliches bekommt. Sprechen Sie Ihren Gastgeber ruhig augenzwinkernd auf das pornographische Material im hinteren Schrankfach oder die Liebesbriefe in der kleinen, verschlossenen Schatulle an. Ein kleines Geheimnis schweißt zusammen.

## DIE ABREISE

Man soll gehen, wenn es am schönsten ist. Darüber, wann das ist, gehen die Meinungen von Gast und Gastgeber für gewöhnlich auseinander. Schon 50 v. Chr. befand Cicero: »Fisch und Besucher stinken nach dem 4. Tag.« Bei den vorderasiatischen Nomaden betrug die traditionelle Besuchsdauer genau drei Tage und vier Stunden. In der modernen westlichen Zivilisation gelten drei Tage als ideal. In dieser Zeit haben Sie Gelegenheit, sich nahezukommen und all Ihre liebenswerten, unnachahmlichen Seiten zu offenbaren: vom Singen unter der Dusche über das Geräuspere während des Fernsehens bis hin zur entzückenden Art, wie Sie nach vier Glas Riesling die Ehe Ihres Gastgebers auseinandernehmen.

 **Achtung:** Falls Sie blutsverwandt sind, haben schon drei Minuten gelangt, um alle diese Eigenschaften ins Gedächtnis zu rufen.

Als Faustregel gilt: Wenn Sie hinter der geschlossenen Schlafzimmertür unterdrücktes Ehekrachgezischel vernehmen, ist der Zeitpunkt perfekt, um Ihre Siebensachen zu packen. Nehmen Sie es keinesfalls persönlich, wenn Ihr Gastgeber, noch bevor Sie aus der Ausfahrt gebogen sind, einen kleinen Freudentanz aufführt, Champagnerkorken knallen lässt und den Tag zum offiziellen Familienfeiertag erklärt.

**Nützliche Redewendungen für Gäste:**
*»Auf meinem Kopfkissen ist keine Praline!«*
*»Warum ist das Toilettenpapier nicht zu einem Dreieck gefaltet?«*
*»Kann ich mal den Staubsauger für das Bettlaken haben?«*
*»Ich habe kein Auge zugemacht!«*
*»Ich möchte das Frühstück bitte aufs Zimmer.«*
*»Soll ich meine Wäsche vor die Tür legen?«*
*»Ups – na ja, tritt sich fest, gibt ein neues Muster!«*

# MIT KINDERN ZU GAST

Mit Kindern irgendwo zu Gast zu sein wird von vielen Eltern als anstrengend beschrieben. Zu Unrecht. Wenn man es richtig anstellt, ist es geradezu ein Picknick! Dann nämlich, wenn Sie es schaffen, beim Eintritt in die gastgeberliche Wohnung sämtliche elterliche Aufsichtspflichten an der Garderobe abzugeben. Nur zu, das dürfen Sie ruhig! Die Anreise mit den Bälgern war schließlich anstrengend genug, und es ist Ihnen nur zu gönnen, wenn

Sie mal durchatmen können. Außerdem: Auch für Ihre Kinder soll der Besuch ja schließlich ein Urlaub sein! Seien Sie also nicht zu streng, wenn sie:

… Heidelbeersaft auf dem weißen Wildledersofa verschütten.
… ihre lehmverkrusteten Gummistiefel an die Wand donnern.
… Hubba Bubba in die Ausgangsbuchse des HD-Fernsehers friemeln.
… in der Lautstärke der startenden Apollo 17 grölend durch die Nachbarschaft ziehen.

Ihr Gastgeber weiß doch schließlich auch, wie das mit Kindern so ist. Und wenn nicht, dann spätestens jetzt!

**Hilfreiche Redewendungen**
*»Da kannst du mal sehen, wie das mit Kindern ist!«*
*»Genau deshalb haben wir alle Porzellanvasen hochgestellt.«*
*»Wir hatten gestern noch die Läuse. Toi, toi, toi, dass das homöopathische Zeugs gewirkt hat!«*
*»Hatte der Hund schon immer nur drei Beine?«*

Auch wenn Ihr Gastgeber im Anschluss an Ihren Besuch gehörgeschädigt ist, mit nachbarlichen Strafanzeigen wegen Ruhestörung und Vandalismus überschüttet wird und einem völligen Wiederaufbau seines Zuhauses ins Auge sieht, wird er sicher nicht eine Sekunde Ihres Besuchs mit Ihren Kindern missen wollen!

# 14 Bei Sport und Spiel

Sport ist Mord, sagt ein altes Sprichwort. Dementsprechend brauchen Sie bei der Leibesertüchtigung in Sachen Benimm nicht zimperlich zu sein.

## FUSSBALL

Diese Sportart wird generell im Sitzen und mit einer Flasche Bier in der Hand praktiziert, wobei Männer in regelmäßigen Abständen brüllen, in Gesänge ausbrechen und sich gegenseitig buffen. Oder sich niedermetzeln – falls es sich um Fans verschiedener Mannschaften handelt. Von Frauen wird lediglich erwartet, dass sie die Trikotfarben auseinanderhalten können, keine blöden Zwischenfragen stellen und nicht an den falschen Stellen jubeln oder »Oh, nein!« rufen.

**Hilfreiche Redewendungen:**

| | |
|---|---|
| »Ist der blind?« | Zum Schiedsrichter |
| »Oh Mann. Schieß doch.« | Zur eigenen Mannschaft |
| »Fick dich in den Arsch, du dreckiger Hurensohn.« | Zum französischen Trainer in der Halbzeit |

## GOLF

In Golferkreisen gilt die Sportart als *Größter Spaß, den man mit angezogenen Hosen haben kann.* Unter prominenteren Golfern ist es jedoch mittlerweile nicht unüblich, auch mit ausgezogenen Hosen Spaß zu haben und anschließend Presse, Werbepartner und die eigene Ehefrau detailliert per SMS daran teilhaben zu lassen.

## RADFAHREN

Bei diesem beliebten Volkssport gelten ganz einfache Regeln: Gefahren wird überall, Vorfahrt hat der mit den größten Reifen, und geklingelt wird im Moment des Zusammenpralls. Haben Sie Ambitionen zum Profi-Radler, empfiehlt es sich, grundsätzlich den Arzt Ihres Vertrauens an Ihrer Seite zu haben, Ihren Blutbeutel niemals aus der Hand zu geben und keinesfalls außerhalb des Mannschaftsbusses zu urinieren.

**Nützliche Redewendungen:**
*»Ich wollte meine sexuelle Leistung verbessern.«*
*»Der Masseur hat meine Beine mit einer testosteronhaltigen Salbe massiert.«*
*»Ich habe nur Avocados gegessen.«*
*»In einer Disco wurden mir Pillen angedreht.«*
*»Die fremden Blutzellen sind Stammzellen meines noch vor der Geburt gestorbenen Zwillingsbruders.«*
*»Das Zeug ist für meinen asthmatischen Hund.«*
*»Irgendjemand hat was in meine Zahnpasta getan.«*

## LEICHTATHLETIK

Dieser Sport lässt sich in unzählige Disziplinen aufteilen, die traditionell bei der Folter von Schulkindern zum Einsatz kommen. Hartgesottene, die sämtliche Kollisionen mit Hochsprungstäben, Hürden und Kugelstoßkugeln unbeschadet überlebt haben, können eine Profikarriere antreten, wenn sie folgenden drei Sorten von Menschen angehören: 1.) Männer, 2.) Frauen mit Bartwuchs, 3.)

Männer, die einen Frauennamen tragen. (In osteuropäischen Staaten ist zwischen diesen drei Typen kein Unterschied auszumachen.)

## TENNIS

Die Spielregeln schreiben vor, dass Frauen Röcke tragen, die direkt unter den Pobacken enden. Als Mann wird von Ihnen erwartet, dass Sie Ihren Schläger zertrümmern sowie den Schiedsrichter und das Publikum beschimpfen und notfalls tätlich angreifen.

## SCHWIMMEN

Es gibt gemeinhin zwei Sorten von Schwimmern: Hochleistungs-Krauler und alte Damen, die in Dreierreihen auf der Stelle Wasser treten. Während es grundsätzlich empfehlenswert ist, Ersteren den Vortritt zu lassen, dürfen Sie um Zweitere kopfschüttelnd und mit finsterem Blick herumschwimmen, um dabei mit Ersteren zu kollidieren.

## JOGGING

Wer im Morgengrauen aufgestanden und sich in ungewaschene, hautenge Funktionskleidung gezwängt hat, um dann im strömenden Regen sieben Kilometer keuchend durch den Schlamm zu traben, der braucht sich durch nichts und niemanden aufhalten lassen. Schon gar nicht von einer roten Ampel. Schlängeln Sie sich also ruhig im Zickzackkurs und vor den Augen wartender Schulkinder auf die andere Straßenseite. Falls Sie dennoch an der Ampel stehen bleiben, verschaffen Sie sich Freiraum, indem Sie herumstrampeln, als seien Sie von einer Tarantel gestochen worden. Bei der Teilnahme an einem Marathon dürfen Sie außerdem überall hinspucken und -schneuzen und in die Spandexhose pinkeln.

## BOXEN

Oberste Regel dieser anspruchsvollen Sportart ist es, ausschließlich mit den Fäusten zu kämpfen – falls Sie den Friedensnobelpreis gewinnen möchten. Falls Sie den Weltmeistertitel gewinnen möchten, empfiehlt es sich, zusätzlich das Ohr des Gegners abzubeißen oder Hufeisen in die Handschuhe zu stecken.

## FITNESSSTUDIO

Als trainierender Mann sollte man Sie riechen können, bevor man Sie sehen kann. Und grunzen hören, als ob Sie ein Rhinozeros gebärten. Dazu dürfen Sie auf sämtliche Geräte und dem Weg zur Dusche Schweißlachen verteilen. Hanteln Sie gerade nicht, können Sie Ihr Spiegelbild oder Frauen anstarren und ungefragte Ratschläge geben.

Als fitnessbewusste Frau sollten Sie die einfache Schrittfolge »Step, step, double-step, Arme halb, dann viermal Repeat und: Check it out – Pow! Wow! Wow! Wow!« aus dem Effeff beherrschen und sich immer schön im hautengen *Movewear* vorne am Spiegel plazieren. Dann haben Sie a) allen Platz der Welt beim Auslegen Ihrer Fitnessmatte und b) einen herrlichen Ausblick auf all die Neuen, die in der falschen Richtung zusammenrasseln oder mit Schnappatmung kollabieren.

## YOGA

Verrenkungen, die zu schwitzigen Socken und extremen Darmwinden führen, machen diese Sportart zu einer Herausforderung. Gucken Sie im Zweifel immer stirnrunzelnd zu Ihrem Mattennachbarn.

# 15 Im Ausland

Wer immer die Redewendung »Die Zeit vergeht wie im Flug« geprägt hat, saß nie in der Economy-Klasse eines Billigfliegers in Richtung Urlaub. Wenn Sie den Flug in den wohlverdienten Urlaub gut überstehen wollen, sollten Sie jedenfalls einige Regeln beherzigen.

## WER STEIGT ZUERST EIN?

Natürlich wollen Sie nicht zu den Passagieren gehören, die, kaum dass das Gate sich öffnet, den Urlaubsflieger stürmen wie das GSG-9-Kommando die »Landshut«. Aber auch nicht zu den Doofen, die sich mit gezückter Bordkarte eine halbe Stunde brav die Füße in den Bauch stehen und dann trotzdem so spät an die Reihe kommen, dass sie ihre fünf Stücke Handgepäck während des gesamten Flugs zwischen den Füßen verstauen müssen.

In der Regel gehen zuerst die Passagiere zum Gate, die erst ihre Boardingkarten aus einer ihrer Jackentaschen hervorkramen müssen und anschließend nicht wissen, wie der Boardingkarten-Scanner funktioniert. Dann die mit drei Tonnen Handgepäck. Dann ein Knäuel verwirrter Passagiere, die nicht sicher sind, ob sie jetzt dran sind oder nicht und die mit Hilfe des Flugpersonals erst mal klären, welche Sitzreihe sie haben. Dann die eigentlich aufgerufenen Sitzreihen 42 bis 52. Fünf Minuten nach dem ursprünglich angepeilten Abflugtermin steigt der Passagier dazu, der vergessen hatte, dass man zum Auslandsbesuch einen gültigen Personalausweis braucht, und außerdem noch seinen Dackel einchecken musste.

Sind Sie erst mal an Bord, können Sie sich nun ruhig Zeit lassen. Sitzen müssen Sie schließlich noch lang genug. Es ist gang und gäbe, jetzt erst mal diverse Trolleys, Umhängetaschen und Einkaufstüten in den umliegenden Gepäckfächern zu verstauen, drei Tageszeitungen in das Gepäcknetz der Rückenlehne zu zwängen, Smartphone, Notebook und Schreibutensilien zu sortieren und zu guter Letzt Mantel und Schal auszuziehen und liebevoll zusammenzufalten. Vielleicht wollen Sie Ihre Kleidung noch plätten oder heißmangeln? Wer sollte Sie daran hindern? Ihr Hintermann, der beide Arme voller Handgepäck und die in der Businessclass geklaute Zeitung zwischen den Zähnen hat, bestimmt nicht.

## DER SITZPLATZ

Zweitausend Fluggäste sterben jährlich weltweit an einer Thrombose. Bislang ist dagegen kein Todesfall bekannt, bei dem ein Fluggast durch Übergriffe seines Hintermanns verendete. Setzen Sie also Prioritäten. Üblicherweise stellt man in genau dem Moment, in dem das Flugzeug über den Flughafen-Fuhrpark hinwegfliegt, ruckartig und ohne Vorwarnung die Sitzlehne zurück – so weit, bis das Knacken der Kniescheibe des Hintermannes zu hören ist. Falls in Ihrer Sitzreihe keine weiteren Passagiere sitzen, dürfen Sie selbstverständlich alle drei Sitze voll zurückstellen und sich in die Waagerechte begeben. Begegnen Sie Einwänden dabei freundlich und zuvorkommend:

*Hintermann:* »*Entschuldigung, können Sie Ihren Sitz vielleicht etwas nach vorne stellen?*«
*Sie, die Lehnen schwungvoll einen Zentimeter nach vorne stellend:* »*Oh, aber natürlich!*«

In dieser Position können Sie nun den gesamten Langstreckenflug über verharren. (Falls Ihnen das Vorbeugen beim Essen oder die dezenten Tritte Ihres Hintermanns lästig werden, lassen Sie abermals ohne Vorwarnung beherzt die Sitzlehne in die aufrechte Stellung zurückschnellen.)

 **Tipp:** Flugzeugsitze sind eine hervorragende Spielwiese für Ihre Kinder. Während diese sich stundenlang damit beschäftigen können, die Sitzlehnen vor- und zurückzustellen sowie auf den Sitzflächen auf und ab zu hüpfen, können Sie sich in Ruhe auf Ihre Reiselektüre konzentrieren.

**Gegen Thrombose hilft viel Bewegung:**
… Stehen Sie häufig auf und gehen Sie den Gang auf und ab. Zum Beispiel, wenn die Flugbegleiter gerade die Essenswagen durch den Gang karren. Oder wenn gerade das Sitzgurt-anschnallen-Zeichen angegangen ist.
… Stehen Sie auf, um ein Buch aus dem Gepäckfach zu holen – am besten dann, wenn Ihr Sitznachbar gerade eingeschlafen ist.

Und verschaffen Sie sich ausreichend Platz! Forschungen belegen, dass Westeuropäer mindestens eine Armlänge Freiraum um sich herum brauchen. Sie sind schließlich nicht der Verknotungskünstler Harry Houdini! Okkupieren Sie beide Armlehnen. Strecken Sie Ihre Füße aus, bis Sie die Fersen des Vordermanns berühren. Und entledigen Sie sich aller Dinge, die Sie einengen. Schuhe, Strümpfe, Jacken. Sind Sie auf dem Weg in den Süden, machen Sie sich auch gleich obenrum frei. Tank Top, Flipflops: Langt doch.

 **Tipp:** Wenn Sie nicht nur fast nackt, sondern auch ungeduscht und undeodorisiert Ihren Flug antreten und zusätzlich stark riechende Speisen mitbringen, wird man Ihnen gleich noch viel mehr persönlichen Freiraum überlassen.

Derart aufgelockert, fällt eine nette Konversation mit dem Sitznachbarn ganz leicht.

*»Ich sehe gerade: Sie haben gar kein Gepäck unter Ihrem Vordersitz – dürfte ich vielleicht eine kleine Tasche drunterstellen?«*
*»Gucken Sie den Film? Nein? Könnte ich dann vielleicht Ihre Kopfhörer haben?«*
*»Können wir vielleicht Plätze tauschen? Ich sitze so gerne am Fenster!«*
*»Ach, Sie leben in New York? Da fliege ich bald hin! Ich könnte Sie besuchen …«*
*»Haben Sie von dem Flugzeugabsturz vor drei Monaten gelesen?«*

# DER UMGANG MIT DEM FLUGPERSONAL

Moderne Flugbegleiter – liebevoll *Saftschubsen* genannt – müssen etwa 600 Tabletts, Becher, Servietten, Brötchen und Erdnusstüten an 600 wie hungrige Seelöwen dreinschauende Fluggäste verteilen. Entlasten Sie sie, indem Sie Ihren dritten Becher Rotwein nicht dann bestellen, wenn alle Getränke bekommen, sondern klingeln, wenn die Belegschaft gerade Pause macht.

 **Tipp:** Wenn das Bordprogramm vor den Augen verschwimmt und Sie sozial auffällig werden, haben Sie die perfekte Langstreckenmüdigkeit.

# DIE LANDUNG

Natürlich gehören Sie nicht der bildungsfernen Schicht an, die beim Berühren der Landebahn in tosende Beifallsbekundungen ausbricht. Zollen Sie dem Flugkapitän mit eingefrorener Miene Respekt, springen Sie sofort auf, sobald das Gate in Sicht ist, zerren Sie Ihr monströses Handgepäck unter den fremden Mänteln hervor aus dem Gepäckfach (falls dieses so schwer ist, dass Sie beim Herauswuchten nicht aufrecht stehen können, dürfen Sie sich ruhig auf der Rückenlehne und den Kopfhaaren Ihres Vordermanns aufstützen) und sehen Sie zu, dass Sie mit VIP-Miene noch vor den Sitzreihen vor Ihnen als Erster am Ausgang sind.

## ANKUNFT

Taxifahrer am Flughafen warten nur darauf, dass naive Touristen ihnen in die Falle laufen. Gehen Sie deshalb mit erhobenem Haupt und stieren Blicks am ersten Taxifahrer vorbei, der Ihnen seine Dienste anbietet (Vielleicht rufen Sie noch lachend: *»What? Much too much!«*), und lassen Sie sich dann vom zweiten Taxifahrer nach Strich und Faden betrügen.

## DIE SPRACHE

Natürlich haben Sie keine Zeit, die Sprachen aller Länder zu lernen, die man heutzutage mit Billigfliegern aller Art besuchen kann. Aber keine Sorge: Man kann, wie man am Beispiel des amtierenden deutschen Außenministers sieht, auch ohne fremdsprachliche Kenntnisse jedes Land der Welt bereisen. Trotzdem lohnt es sich immer, mit den Einheimischen in ihrer Landessprache zu sprechen. Selbst wenn es nur ein paar Worte sind: Die Mühe wird honoriert werden.

*Sie, selbstbewusst: »Hola!«*
*Bedienung, skeptisch: »Buenos.«*
*Sie: »Quiero, öh.«*
*Bedienung, Ihnen die englische Speisekarte reichend:*
*»Chicken Salad?«*
*Sie: »Si.«*

Auch wenn Ihr einheimischer Gesprächspartner fließend Deutsch kann: Beharren Sie darauf, in seiner Sprache zu kommunizieren. Sie wollen ja schließlich Ihre Fremdsprachenkenntnisse auffrischen! Auch wenn es mühsam ist und sehr lange dauern kann. Beispielsweise an einem vollbesetzten Flughafenschalter, im Restaurant oder im Reisebüro.

*»Ich nicht gesprecht perfekt wissen, nur Kleinteil. Wann Fliegzeug gehet?«*
*»Willt essen kleine Meerestier und gegrill Carpaccio mit Geldstrafe des Tiers, dann führen gegen Melone.«*
*»Ein nicht vergleichlich Palast! Was König war begrabt? Diese Panorama zündet Zauber in Auge!«*

Falls die Einheimischen sich weigern, Ihre fremdsprachlichen Bemühungen zu verstehen, hilft es, wenn Sie eine Mischung aus Schulenglisch und Kauderwelsch anwenden, sehr laut, sehr langsam und sehr deutlich artikulieren und dazu ausufernd mit Ihren Händen rumfuchteln, so wie zu Hause auch mit Ihrer polnischen Reinigungskraft. Lautstark mit Ihren Reisegefährten Deutsch zu sprechen bietet sich an, wenn Sie Einheimische, Gastgeber oder die Touristen am Nebentisch kommentieren möchten. Falls Sie auf deutschsprachige Touristen treffen, genügen unterkühltes Schweigen und strenges Mustern.

# KONVERSATION

Über das leckere Essen, die schöne Landschaft oder über Fußball reden kann jeder. Zeigen Sie Ihrem Gesprächspartner, dass Sie kein gewöhnlicher Tourist sind, sondern ein engagierter, aufgeschlossener Reisender, der sich für Land und Leute interessiert. Diskutieren Sie mit Ihrem chinesischen Bed&Breakfast-Gastgeber über Menschenrechte. Erkundigen Sie sich beim australischen Busfahrer über die Situation der Aborigines. Hinterfragen Sie beim Gespräch mit dem texanischen Großgrundbesitzer kritisch die Bush-Ära.

 **Tipp:** Sprechen Sie die mangelhafte Qualität des Brots, den nicht ausreichenden Wasserdruck beim Duschen und die Preise der Auslandstelefongespräche an. Sie werden sehen, welch unauslöschlichen Eindruck Sie bei Ihren Gastgebern hinterlassen.

## GESCHENKE

Ein liebevoll ausgesuchtes Mitbringsel aus Deutschland hat schon manche Herzen geöffnet. Schenken Sie Ihrem arabischen Gastgeber eine Pulle Korn – vielleicht noch in einem edlen Flaschenhalter aus Schweinsleder. Sie werden überrascht sein, wie das Ihre Beziehung bereichert.

## DAS WETTER

Es ist nie so wie auf der Website versprochen. Und es ist Ihr gutes Recht als Tourist, die Gastgeber dafür zur Rechenschaft zu ziehen.

| | |
|---|---|
| »No!« | Das ist ja wohl nicht wahr. |
| »Es normal?« | Im Reiseführer stand: 30 Grad Durchschnittstemperatur! |
| »No sol?« | Zu Hause sind es jetzt 25 Grad! |
| »Costa?« | Wie viel kostet dieses Paar Gummistiefel/dieser Wollponcho/dieser Skianzug? |
| »Ciao.« | Ich schwimme nach Hause. |

# ESSEN UND TRINKEN

Viele Touristen müssen feststellen, dass es im ausländischen Supermarkt nicht mal die einfachsten Lebensmittel wie probiotische Buttermilch oder Tofu-Pastete gibt. Eine gute Alternative zum Selbstkochen ist daher das Essen im Restaurant. Am besten bestellen Sie das, was die Einheimischen essen. Plus einen kleinen Feuerlöscher. Oder lassen Sie sich vom Kellner beraten. Er freut sich sicher, Ihnen das Tagesgericht von vorvorgestern empfehlen zu können.

 **Höflichkeitsfalle:** Wenn Sie nach dem Dessert interessiert nachfragen, wie das leckere Obst, das Sie gerade verspeist haben, auf Deutsch heißt, hören Sie als Antwort möglicherweise »Schafsaugen«.

Doch Achtung: Restaurants sind beliebte Orte für Handtaschenräuber. Lassen Sie sich vom »Ober« weder Mantel noch Hut abnehmen, behalten Sie die Tragehenkel Ihres gesamten Reisegepäcks während des ganzen

Moonlight-Dinners um Ihren Knöchel geschlungen (oder noch sicherer: mit Handschellen an Ihrem Arm festgekettet) und bewahren Sie Geldscheine eingenäht in Ihren Socken oder Ihrer Unterhose auf.

## DIE KLEIDUNG

Niemand möchte aussehen wie ein Tourist. Unter modernen Backpackern ist es Brauch, sich so leger zu kleiden wie einheimische Achtzehnjährige aus den Suburbs. Klassische Touristen bevorzugen Kleidung, die aussieht, als seien sie soeben mit dem Fallschirm über Tadschikistan abgesprungen. Tausend versteckte Ösen, Schlaufen, Innentaschen, Hüftbeutel, ausrollbare Kapuzen und Fächer für Taschenmesser und Kompass sichern nicht nur das Überleben in Palma de Mallorca oder Buenos Aires, sondern helfen auch Handtaschendieben, Sie von weitem als Touristen auszumachen. Gewiefte Touristen reisen mit leeren Koffern an, um sich im Urlaubsland günstig mit landestypischer Kleidung einzudecken.

 **Tipp:** Wenn Sie beispielsweise im Erste-Klasse-Abteil der Hindustani Rail im Ornat eines Bettelpredigers erscheinen, ernten Sie sicher bewundernde Pfiffe und hochgezogene Augenbrauen.

# FREIZÜGIGKEIT

Zu jedem guten Urlaub gehört natürlich eine ordentliche Urlaubsbräune.

*Freundeskreis, käseweiß: »Boah, bist du braun!«*
*Sie, mit gestochen scharfem Bikini-Abdruck: »Dabei waren wir gar nicht am Strand!«*

Natürlich gehören Sie nicht zu den ignoranten Urlaubern, die in fremden, womöglich sittenstrengen Ländern hüllenlos am Strand schmoren. Wozu auch? Bikini, knappe Shorts und ärmellose Tops lassen sich bei der Besichtigung von Tempelanlagen, Friedhöfen und Basaren genauso tragen, und dabei lernen Sie sogar noch etwas über Kunst und Kultur.

 **Tipp:** Vergessen Sie nicht, sich mehrmals am Tag und wo immer Sie sind, ausgiebig gegenseitig in allen Körperregionen und -ritzen mit Sonnenschutzmittel und Moskitoöl einzureiben.

# GELD

Zu den Höhepunkten jedes Auslandsurlaubs gehört die Entdeckung eines funktionierenden Bankautomaten. Zu erkennen ist er an einer langen Schlange geduldig ausharrender Einheimischer sowie augenrollender, hufescharrender, schnaufender Touristen. Die einstündige Wartezeit ist eine ideale Gelegenheit, das Gespräch mit den Einheimischen aufzunehmen.

*Tourist: »Take long!«*
*Einheimischer, freundlich: »Si!«*
*Tourist: »In Germany bank machine very quick.«*
*Einheimischer: »Yes.«*
*Tourist: »In Germany: zack, zack. Here: Lalala ... lots of time.«*
*Einheimischer, interessiert: »Germany.«*

Rechnen Sie weitere sechzig Minuten ein, wenn Sie schließlich am Bankautomaten angekommen sind. In dieser Zeit werden Sie den Automaten mangels sprachlicher Kenntnisse lahmlegen, diverse Schlangensteher und Bankangestellte zu Hilfe rufen und sich in einer fruchtlosen Diskussion über die Tatsache verstricken, warum man nur 300 Pesos (entspricht dem einheimischen Monatsgehalt) ziehen kann. Prüfen Sie das Geld schließlich auf Echtheit. Und weisen Sie zur Erklärung schmunzelnd darauf hin, dass es für Sie aussieht wie Spielgeld.

## FOTOGRAFIEREN

Grundsätzlich ist es für die Bettlerin, den betenden Kirchengänger oder den Panflötenspieler natürlich ein Kompliment, fotografiert zu werden. Dennoch sollten Sie sich an einige Regeln halten:

- ... Sagen Sie immer: »Gracias« oder »Thank you!«, nachdem Sie ein Foto gemacht haben.
- ... Machen Sie Teleaufnahmen nur aus dem Autofenster oder von Einheimischen, die kleiner als Sie selbst sind.

… Nicken Sie beim Fotografieren von militärischen Anlagen, Polizeirevieren oder offiziellen Regierungsgebäuden – zum Beispiel in Kenia, Polen und Griechenland – freundlich. Eine Geste, die nichts kostet und sich später im Gerichtsprozess bezahlt macht.

Wenn Sie ein Paar sind, werden Sie ohnehin nur Fotos von sich selbst machen wollen – falls sich aus Versehen eine Kirche oder ein Einheimischer mit aufs Bild schmuggelt, lassen diese sich ja inzwischen problemlos digital herausschneiden.

## SHOPPING

Nur blutige Laien zahlen im Ausland den ausgewiesenen Festpreis. Weltgewandte Reisende wissen: Im Urlaubsland ist konsequentes Feilschen Pflicht!

*Tourist, auf Cheeseburger zeigend: »How much?!«*
*McDonald's-Verkäufer: »One-Sixty.«*
*Tourist, mit fester Stimme: »One-Fifty!«*
*McDonald's-Verkäufer, augenrollend: »One-Sixty.«*
*Tourist, triumphal: »Okay!«*

Erfahrenen Reisenden soll es auch schon gelungen sein, erfolgreich mit dem Fahrkartenautomaten zu feilschen.

## SOUVENIRS

Für internationale Schnappatmung sorgte vor wenigen Jahren der Fall eines deutschen Urlaubers, der mit zehn Jahren Haft rechnen musste, weil sein achtjähriger Sohn einen Kieselstein vom türkischen Badestrand mit nach Hause nehmen wollte.

Wahrscheinlich möchten Sie die Gefängnisarchitektur Ihres Urlaubslands nicht von innen kennenlernen und werden ohnehin als verantwortungsvoller Reisender davon absehen, Ihre Mitbringsel zu stehlen oder zu schießen.

Moralisch einwandfrei ist der Kauf von Naturgütern, die von Einheimischen bereits zu Elfenbein-Tischchen, Korallenketten oder Pelzmänteln verarbeitet worden sind. Schließlich sind die dabei verwendeten, unter Artenschutz stehenden Tiere und Pflanzen ja schon hinüber. Achten Sie auch auf das in Polen hergestellte und in Thailand applizierte »Einheimische Produktion«-Siegel!

## GRUPPENREISEN

Hannibal überquerte seinerzeit die Alpen mit 50 000 Soldaten, 9000 Reitern und 37 Elefanten. Ihre Reisegruppe wird vermutlich überschaubarer sein. Sollten Sie mit einer organisierten Tour reisen, werden Sie dennoch möglicherweise den individuellen Zugang zu Land und Leuten vermissen.

**Tipp:** Scheren Sie ab und zu aus der Gruppe, zum Beispiel kurz vor der Abreise zum nächsten Zielort oder während einer Buspause.

## WIEDER ZU HAUSE

Wollen Sie den lieben Daheimgebliebenen eine unvergessliche Erinnerung aus dem Urlaub mitbringen (außer der hochansteckenden Magen-Darm-Infektion), veranstalten Sie einen Fotoabend, an dem Sie, angefangen bei der Mietwagenabholung im Flughafen, den gesamten Auslandsaufenthalt in Echtzeit dokumentieren – bis Ihre Gäste entweder vor Verzweiflung eingeschlafen sind oder Sie nach typisch deutscher Landesart erdrosselt haben.

# Bei Krankheit und Tod

16

# KRANKHEIT

Im Mittelalter war es üblich, dass sich alle ankommenden Reisenden und Kaufleute vor Betreten einer Stadt vierzig Tage lang isoliert in eigens dafür errichteten Lazaretten aufhalten mussten. Mit dieser Maßnahme, der sogenannten *Quarantäne*, wollte man sich vor der damals in Europa wütenden Pest schützen. Hat man heute die Pest (oder Schlimmeres), darf man nicht nur völlig unbehelligt durch Stadttore spazieren, sondern auch ins Stadtzentrum und ins Café, ins Kino, zur Geburtstagsparty und überall dahin, wo liebe Mitmenschen auf engstem Raum versammelt sind und einen mit offenen Armen empfangen.

Das bringt freilich Gefahren mit sich. *Point of no Return* nennt man den Zeitpunkt, an dem es unmöglich ist, eine Umarmung rückgängig zu machen, bei der das Gegenüber erst bei zwei Millimeter Körperabstand offenbart, dass er »total vergrippt« ist. Andererseits: Wer würde auf eine herzliche Begrüßung verzichten wollen, nur weil jemand eine lebende Virenschleuder ist? Anthroposophen wissen längst, dass jeder Mensch sich seine Krankheiten selbst aussucht. Bitte schön! Lassen Sie sich also nicht von Keuchhusten oder einer Magen-Darm-Grippe einschränken. Gehen Sie unter Menschen! Küssen Sie Greise! Streicheln Sie die Köpfe neugeborener Babys!

*»Der hat doch sowieso Nestschutz, oder?«*
*»Was nicht tötet, stählt.«*
*»Babys können ja viel mehr ab, als man immer meint.«*

Seit der Schweinegrippe, die Deutschland mit den tragischen Folgen von einem Toten und 4334 Zeitungsberichten heimsuchte, weiß ohnehin jedermann, wie man sich vor Ansteckung schützen kann: einfach beim ersten Nieser alle Verwandten, die städtische Seuchenstelle und die örtliche Presse informieren, sich mit einem unerforschten Impfstoff impfen lassen und die Hände mit antibakterieller Waschlotion so sauber schrubben, dass Sie jederzeit einen chirurgischen Eingriff vornehmen könnten. Oder Sie halten es gleich wie Immobilien-Tycoon Donald Trump, der sich grundsätzlich weigert, seinem Gegenüber die Hand zu geben. Dann kann eigentlich nichts mehr passieren.

## DARF MAN »GESUNDHEIT!« SAGEN?

Aber selbstverständlich! Entgegen landläufiger Meinung bezieht dieser Wunsch sich nämlich nicht auf das Wohlergehen des Niesenden, sondern auf dessen, der ihn ausspricht. »Gott schenke mir Gesundheit!«, hieß es ursprünglich im 17. Jahrhundert – als man Angst hatte, mit der Lungenpest angesteckt zu werden. Rufen Sie also laut »Gesundheit!«, sobald jemand in seine Armbeuge niest, und springen Sie zur Sicherheit mit vorwurfsvollem Blick zur Seite.

## KRANK BEI DER ARBEIT

Fast jeder zweite Arbeitnehmer in Deutschland geht trotz Krankheit ins Büro. Warum auch nicht? Jeder Chef wird es zu schätzen wissen, wenn Sie am Meeting teilnehmen, obgleich Sie von bellenden Hustenanfällen geschüttelt werden und alle zwei Minuten trompetenartig in das auf dem Konferenztisch liegende Taschentuch schneuzen. Schleppen Sie sich wie ein Sterbenskranker fiebernd, schwitzend, schniefend, niesend und röchelnd durch alle Räume, fassen Sie alles an und machen Sie allen klar, dass Sie das alles nur auf sich nehmen, weil Sie niemanden im Stich lassen wollen.

 **Tipp:** Ihre Kollegen sollen ruhig wissen, wie schlecht es Ihnen wirklich geht und wie aufopferungsvoll es ist, dass Sie trotz Ihres Leids Ihren Dienst versehen. Erzählen Sie allen ganz detailliert, wie Sie die letzte Nacht kniend vor der Toilette verbracht haben.

Mit etwas Glück werden Sie am selben Tag Ihres Auftritts vom Chef höchstpersönlich nach Hause geschickt und können unbehelligt die nächsten vier Wochen zu Hause vor Ihrer Lieblings-DVD-Serie verbringen.

## KRANK ZU HAUSE

Der im Volksmund geläufige Begriff *krankfeiern* ist natürlich eine grobe Frechheit. Jeder weiß, dass Krankheiten, die Bettruhe erfordern, grundsätzlich an Werktagen ausbrechen. Falls Sie aufgrund einer akuten Erkrankung meinen, zu Hause bleiben zu müssen, unterrichten Sie sogleich die Arbeitsstätte. Im Idealfall (mit zwei in die Nasenlöcher gesteckten Weintrauben) klingen Sie dabei, als riefen Sie aus der Intensivstation des örtlichen Krankenhauses an.

 **Achtung:** Autogeräusche im Hintergrund und ein Radio, auf dem »Sunshine Reggae« läuft, schmälern die Wirkung.

## WAS DÜRFEN SIE, WENN SIE KRANK SIND?

**Mann:**
… auf dem Sofa liegen und das gesamte Wohnzimmer, inklusive DVD-Rekorder, in Beschlag nehmen
… mit dumpfer Stimme Wehgeräusche verlauten lassen und Kommandos verteilen
… das Fenster schließen, die Heizung voll aufdrehen
… absolute Ruhe verlangen
… sich Ihr Lieblingsessen kochen lassen
… Männermagazine geschenkt bekommen
… Bier trinken

**Frau:**
… aufstehen, die Kinder versorgen, mit dem Hund rausgehen, den Haushalt machen, einkaufen und zur Arbeit gehen

## KRANKENBESUCH

Wer selbst einmal bleich, mit strähnigem Haar, ungeputzten Zähnen und im ausgeleierten Schlafanzug auf der Krankenstation lag, weiß aus eigener Erfahrung, dass es nichts Schöneres gibt als lieben Überraschungsbesuch. Dabei ist es von sekundärer Bedeutung, wie gut Patient und Besucher sich kennen, ja, ob Sie sich jemals zuvor privat besucht oder überhaupt schon mal ein Wort gewechselt haben. Schneien Sie also einfach vorbei und bringen Sie Freunde, Kinder und Ihren Hund mit, ohne irgendwelche obskuren Besuchszeiten zu beachten, die ohnehin kein normal arbeitender Mensch einhalten kann. Der Patient hat ja den ganzen Tag sowieso nichts zu tun außer schlafen, essen und sich über seinen frisch operierten Zimmernachbarn ärgern. Außerdem: Zu siebt lässt sich ein Katheterwechsel gleich viel besser bewerkstelligen! Vielleicht plaudern Sie unterdessen über die Firma, um den Kranken auf andere Gedanken zu bringen.

*»Es ist ein einziges Drunter und Drüber, seit Sie nicht da sind!«*
*»Keine Sorge, mehr als an die Wand fahren können wir den Laden ja nicht.«*
*»Wissen Sie schon, wer Ihr Nachfolger werden soll?«*

Oder Sie bringen Literatur mit, die für den Patienten jetzt interessant sein könnte:

*Krankenhausviren. Die unterschätzte Gefahr*
*Historische Persönlichkeiten. Wie sie wirklich starben*

Hauptsache, Sie muntern ihn ein bisschen auf. Als Vorbild in Sachen Taktgefühl und Herzenswärme sei hier der italienische Ministerpräsident Silvio Berlusconi genannt, der obdachlos gewordene Erdbebenopfer jüngst schulterklopfend ermunterte, das Ganze wie ein Camping-Wochenende zu nehmen.

*»Ach, es sind doch nur Haare!« / »Ach, es sind doch nur Beine!« / »Ach, es sind doch nur Nieren!«*
*»Wie hübsch. Von hier aus kannst du den Aldi-Parkplatz sehen!«*
*»Denk immer dran: Wo geschnarcht wird, kommen keine wilden Tiere!«*

Nach dem Krankenbesuch können Sie immer noch berichten, wie furchtbar der Kranke aussieht, wie hässlich das Zimmer ist und dass Sie selbst lieber sterben würden, als mit seinem röchelnden, schnarchenden Bettnachbarn ein Zimmer zu teilen. Und dass der Kranke im Übrigen, wenn man jetzt mal ganz ehrlich ist, selbst an seiner Misere schuld ist, nicht wahr? Nicht umsonst lautet eine der goldenen Weisheiten des Imam Jafar al-Sadiq: »Fürwahr, es gibt keine Pein, kein Unglück, keinen Kopfschmerz, kein Gebrechen, die nicht aus Fehlverhalten rühren.«

**Hilfreiche Diagnosen:**
*»Ich hab ja immer zu ihr gesagt: ›Birgit, ohne Strickjacke holst du dir den Tod!‹«*
*»Kein Wunder, dass Andreas Lungenkrebs hat. Bei zwei Packungen am Tag.«*
*»Bei dem Stress, den Klaus sich macht, war ein Herzinfarkt ja abzusehen!«*

# ÄRZTE, PFLEGER UND KRANKENSCHWESTERN

Gehören Sie zum Krankenhauspersonal, wissen Sie selbst, dass liebevolle Ansprache für die Genesung von Patienten mindestens so wichtig ist wie die eiterfarbene Wandfarbe, die eine anheimelnde und tröstliche Atmosphäre schafft. Setzen Sie sich gelegentlich an den Bettrand des Patienten, nehmen Sie seine Hand und hören Sie ihm zu – falls Sie Medizinpraktikant sind. Falls Sie Chefarzt sind, reicht es völlig, wenn Sie beim Vorbeigehen mit sorgenzerfurchter Stirn in Ihren Bart murmeln: »Irreparable akute extrasystolische Arrhythmie.«

Jüngste Untersuchungen belegen, dass Patienten auch unter Vollnarkose mehr von ihrer Umwelt wahrnehmen, als man gemeinhin annahm, und teils selbst Gesprächen folgen können. Eine lockere Von-Arzt-zu-Arzt-Plauderei unter der Operation ist kühlem Schweigen daher allemal vorzuziehen.

*»Mann, ist der haarig.«*
*»Warte mal, wenn das hier nicht der Blinddarm ist, was dann?«*
*»Heb das besser mal für die Autopsie auf.«*
*»Ups.«*

# DER TOD

Glücklicherweise dauern Krankenhausaufenthalte selten länger als ein, zwei Wochen, da danach – begünstigt von schlampig arbeitendem Krankenhauspersonal und fadem Krankenhausessen – der Tod eintritt.

 **Tipp:** Sprechen Sie den Patienten ruhig schon bei der Einlieferung ins Krankenhaus darauf an, ob er eigentlich sein Testament gemacht (und Sie dabei bedacht) habe.

# DIE TRAUERFEIER

Sie gilt gemeinhin als angemessene Form, sich von dem Verstorbenen zu verabschieden. Wenn Sie pünktlich in der Kapelle eintreffen, haben Sie in der Regel etwa eine halbe Stunde bis zur Zeremonie. Eine lange Zeit, um mit betroffenem und feierlichem Gesicht in einem dunklen Vorraum herumzustehen. Verkürzen Sie das Warten, indem Sie im auslegenden Kondolenzbuch blättern, Fotos machen und zwanglose Konversation mit den Umstehenden aufnehmen.

**Hilfreiche Redewendungen:**

| | |
|---|---|
| »Woher kennen Sie den Verstorbenen?« | Zur Witwe |
| »So gut sah der in echt nie aus!« | Vor dem offenen Sarg |
| »Wann ist eigentlich Essen?« | Zum Pastor |

# WER SITZT WO?

Natürlich wollen Sie weder mit einem Hechtsprung der trauernden Witwe ihren Sitzplatz wegschnappen noch ganz hinten zwischen Spendenteller und Regenschirmständer eingeklemmt sein, wo man kein Wort versteht. Wie wichtig das richtige *Placement* bei der Trauerfeier ist, konnte man erst jüngst beobachten, als Nike Wagner, die Nichte des Bayreuth-Chefs Wolfgang Wagner, ihre Teilnahme an der Beerdigung ihres Onkels absagte – wegen »nicht angemessener Plätze«. In der Regel sitzt die Witwe/der Witwer ganz vorne, flankiert von der Großtante, die mit allen verkracht ist. Daneben vier freie Sitzplätze. Dahinter knubbeln sich alle anderen. In deren Mitte sitzt der Trauergast, der vergessen hat, sein Handy auszustellen.

 **Tipp:** Programmieren Sie Ihr Handy vor der Trauerfeier vorsichtshalber mit dem Klingelton »Candle in the wind«, dann kann Ihnen keiner was, wenn das Ding unvermittelt losgeht.

# DIE TRAUERREDE

Je nachdem, wie intensiv der Geistliche vorher Rücksprache mit den Hinterbliebenen geführt hat, hält er nun eine liebevolle Standardrede, in der gelegentlich der Name des Verstorbenen auftaucht, oder eine liebevolle Standardrede, in der gelegentlich der Name des Verstorbenen plus ein paar vollkommen falsch verstandene Anekdoten auftauchen. So oder so dauert die Rede meist gefühlte Tage und ist in etwa so unverständlich wie eine Bahnhofsdurchsage. Eine prima Gelegenheit, ein Nickerchen einzuschieben oder die Gesichtsausdrücke der engsten Hinterbliebenen zu studieren und im Flüsterton zu kommentieren.

## DIE MUSIK

Wer kennt schon Wortlaut und Melodie von Kirchenliedern? Egal. Hier geht's ja nicht drum, den Grand Prix Eurovision zu gewinnen. Fehlende Kenntnis machen Sie spielend mit Lautstärke wett: Lalala in Gottes Frieden, lalalaaa hmm-hmm-hmm, hmm dir süße Rast beschieden, la la la, ab dafür.

## DER GRABGANG

Jetzt kommt der längste Teil der Zeremonie. Nämlich wenn die Trauergäste im Pulk hinter dem Sarg zum Grab trippeln. Die Leute um Sie herum werden es zu schätzen wissen, wenn Sie die Zeit nutzen, um die Trauerrede kritisch zu beleuchten, mit anderen Reden zu vergleichen und auf einer Notenskala von eins bis sechs zu bewerten.

 **Tipp:** Mit etwas Geschick gelingt es Ihnen auch, sich diskret aus der Trauerschar herauszuasseln und sich ein wenig die Beine zu vertreten, bevor Sie rechtzeitig zum Kondolieren wieder aus dem Nichts auftauchen.

## DAS KONDOLIEREN

Der Begriff *Kondolenz* setzt sich aus dem lateinischen *con* (mit) und *dolere* (leiden) zusammen. *Mitleiden* also! Wenn Sie am Grab schier zusammenbrechen und schluchzend die Angehörigen umklammern (falls Sie aus südeuropäischen Gefilden stammen, dürfen Sie natürlich auch schreien und sich die Haare ausreißen), wird niemand draufkommen, dass Sie nur der Fahrer des Nachbarn des Verstorbenen sind.

 **Achtung:** Trauern Sie nicht so ausufernd, dass man Sie später als vermeintlichen Verwandten bittet, sich an den Beerdigungskosten zu beteiligen.

## DER LEICHENSCHMAUS

Der kann dauern! Darum ist der richtige Sitzplatz noch wichtiger als beim Gottesdienst. Ganz hinten am Tisch mit den ehemaligen Sportvereinskollegen ist die Stimmung garantiert am besten. Es sei denn: Der Verstorbene war sehr reich. Dann ist der heiterste Platz bei den direkten Verwandten.

## DIE DANKSAGUNG

Auch als Gast dürfen Sie das Event nachträglich würdigen: Einfach wie nach jeder guten Party am nächsten Morgen auf Facebook posten: Super Tag! Und danke für den Riesenkater ;-)

# AUGENZWINKERND.
## Die häufigsten Elternkrankheiten von A - Z

Ein satirischer Ratgeber für alle, die sich zwischen den erhobenen Zeigefingern, der ermüdenden Kinderdebatte und dem Doppelbelastungs-Gejammer einfach mal schlapp lachen möchten. Über sich selbst, über andere Eltern und über das seltsame Thema Elternschaft im Allgemeinen.

208 Seiten | € [D] 12,95

**So liest man heute**
VERLAGSGRUPPE
Droemer Knaur*

**Ja leck mich doch am Arsch! Is das nich meine alte Benimmlehrerin?**

*Matthias Sodtke*